魏晋南北朝宫廷秘史

羽者◎编著

河北出版传媒集团
河北人民出版社
石家庄

图书在版编目（CIP）数据

魏晋南北朝宫廷秘史 / 羽者编著. -- 石家庄 : 河北人民出版社，2023.3
ISBN 978-7-202-15891-3

Ⅰ. ①魏… Ⅱ. ①羽… Ⅲ. ①宫廷－史料－中国－魏晋南北朝时代－通俗读物 Ⅳ. ①K235.09

中国国家版本馆CIP数据核字(2023)第068984号

书　名	**魏晋南北朝宫廷秘史** WEI JIN NANBEICHAO GONGTING MISHI
编著者	**羽　者**
责任编辑	王　颖　郭　忠　吕东辉
美术编辑	于艳红
责任校对	付敬华
出版发行	河北出版传媒集团　河北人民出版社 （石家庄市友谊北大街330号）
印　刷	河北新华第一印刷有限责任公司
开　本	890毫米×1240毫米　1/32
印　张	6.625
字　数	109 000
版　次	2023年3月第1版　2023年3月第1次印刷
书　号	ISBN 978-7-202-15891-3
定　价	35.00元

目录

郁郁而死的一代奇才

煮豆燃豆萁，豆在釜中泣。
本是同根生，相煎何太急！

这是曹植著名的《七步诗》。曹植是魏武帝曹操的儿子，魏文帝曹丕的同母弟，是建安文学①的领袖之一，中国文学史上著名的诗人。曹植曾被封为鄄城王、雍丘王、浚仪王、东阿王、陈王。他身为诸王时，所作诗文中却极少富贵之气，总是充满了忧愤、悲伤，这是他后半生受到逼迫压抑、郁郁不得志而造成的。曹植受到谁的逼迫压抑，又怎样郁郁不得志呢？这还须从他的家庭谈起。

曹操生前只做到魏王，没有当皇帝，武帝是他死后曹丕篡位时给他追加的尊号。曹操有很多妻妾，结发之妻是丁夫人，另外还有刘夫人、卞夫人、环夫人、杜夫人、秦夫人、尹夫人、王昭仪、孙姬、李姬、周姬、刘

① 建安文学：汉末建安时期的文学，以诗歌的成就最为显著。

姬、宋姬、赵姬等。丁夫人没有子女，就把曹操长子——早亡的刘夫人的儿子曹昂当作亲生儿子抚养。曹昂后来随曹操南征，为搭救曹操，被张绣乱军射死。丁夫人怨恨曹操不思念儿子，经常数落、哭骂。曹操忍无可忍，把丁夫人送回娘家，准备等她平静一段之后再接回来。但丁夫人脾气很拗，下决心不再回曹家，曹操只好废掉丁夫人，立卞夫人为继室。卞夫人出身微贱，是个以歌舞为业的艺人，20 岁时被曹操娶来做妾。卞夫人温柔贤惠，具有节俭谦恭的美德，又遇上曹操这个不拘小节的豁达人物，所以被破格提为夫人，后来做了王后。

曹操这一群妻妾共给他生了 25 个儿子。封建宗法制度规定，妻生的儿子称嫡子，妾生的儿子称庶子，嫡子是正统而庶子是旁支。曹昂既然已死，卞夫人的 4 个儿子曹丕、曹彰、曹植、曹熊就在诸子里居于最高地位了。封建继承权的排列顺序是嫡长子、嫡次子、庶长子、庶次子，所以，最有资格继承曹操爵位、财产的自然要数曹丕了。

曹操是个英雄，对这套封建礼法不大重视，他选择人才时把“才”放在第一位，选择继承人时也流露出这种倾向。曹丕虽然也很有才，但不如曹植才思敏捷，不如庶弟曹冲机智聪明。在曹操选择继承人的时候，3

个儿子曹丕、曹植、曹冲的关系是很紧张的。

曹冲是环夫人的儿子，五六岁时就智过成人，解决过称象这个难题。除聪明外，曹冲还很仁慈博爱，曹操特别喜欢他，曾打算立他为继承人，但曹冲不幸早亡，13 岁就离开了人间。对曹冲的死，曹操非常悲伤，以至饮食俱废。曹丕较为虚伪，曾泪流满面地去劝慰父亲。曹操认为他有些做作，对他说："冲儿死了，我自然要悲伤，而你们应当高兴才是。"

曹冲一死，对曹丕继位构成威胁的只剩曹植了。

从文才上讲，曹植应在曹丕之上。曹植十多岁，就读了几十万字的诗、论、辞、赋，文章写得很美。曹操在铜雀台筑好后，曾让自己所有儿子登台作赋。曹植拿起笔来，不假思索，马上写成一篇《登台赋》，使曹操惊讶不止。曹植风度潇洒，气质神逸，给人一种飘然超俗的感觉，他谈吐得体，应对异常敏捷，受到曹操的特别宠爱。

汉末，上层社会流行过一种交友之风，有社会地位、有政治抱负的人都要网罗一批名士朋友，作为自己的羽翼。丁仪、丁廙（yì）、杨修、贾逵、王凌都是当时的名士，也是曹植的朋友。他们全力拥戴曹植，为曹植争夺继承权出谋划策，而且常在曹操面前称赞曹植的品行、才学。曹操受这些人影响，曾经几次准备把曹植立为世子。面对这种不利情况，曹丕非常焦急，不知如何是好，但曹丕也有一些朋友，其中一个最老谋深算的，叫作吴质。他告诉曹丕一条对付曹植的办法：“您不是才华不如曹植吗，那就不要在才华上和他竞争，而要突出表现您在品德上的长处，要用您的品德美盖过他的才华美。”其实，曹丕在品德上也并不比曹植美多少，他们二人都沾染有当时名士中流行的放荡任性、不拘礼法的习性。比如名士王粲死后安葬时，曹丕率领众文士送葬，曹丕建议说：“王仲宣（即王粲）生前爱听驴叫，今天他先上路了，咱们大家都学一声驴叫为他送行吧！”于是墓前响起一片驴叫声。曹植也如此。一次，他接见曹操派来的邯郸淳时，先不谈正事，自己忙着洗澡搽粉，装束成胡人，跳了几段胡舞，又朗诵了一些优伶的台词，才重整衣冠与邯郸淳谈论古今大事。用封建道德去衡量，曹丕、曹植都不是品德美的人。吴质的意思，是让曹丕约束自己，以此反衬曹植的不检点，从而贬低曹植的为人，达到争当继承人的目的。

有一次，曹操出征，曹丕、曹植一起到路旁送行。辞行宴上，曹植滔滔不绝地说了许多称颂曹操功德的话。因为他才思敏捷，言辞优美得体，旁边的人都佩服得五体投地，曹操也很得意。这样一来，曹丕相形见绌，心里很不是滋味，不知如何是好。这时，吴质悄悄走到曹丕身旁，偷偷告诉他："您什么也别说，只要表现出伤心的样子就行了。"于是，曹丕做出一副不胜悲伤的样子，一言不发，当曹操上马将要启行时，曹丕跪倒在路边，放声痛哭。曹操命左右随从劝阻，曹丕反而哭得更加厉害，弄得大家都跟着哭起来，曹操这个铮铮铁汉也掉下了眼泪。路途上，大家一再夸赞曹丕的纯孝，而曹植的华美的送行辞早被忘到九霄云外去了。

以曹丕、曹植为首的两派势力的钩心斗角发展得越来越厉害。在曹植一边，大约聪明人多些，所出的点子也多，开始时比较得势，但这批人多是一些耍小聪明的人，不如曹丕的拥护者老谋深算，所以渐渐曹丕一派占了上风。

有一次，由于丁仪兄弟和杨修的游说，曹操打算确定曹植为继承人。消息传到曹丕耳朵里，他大惊失色，却又想不出什么好办法，于是用车子载了许多废竹笼，把吴质偷偷装在笼里拉进王宫，向他请教对策。吴质当时是朝歌长，属于外官，曹丕私通外官是有罪的。不知消息怎么传到杨修耳朵里，他马上去曹操面前告状。曹操很生气，因为时间晚了，决定第二天再追查。在曹操身边自然也有曹丕的耳目，他们马上将消息报给曹丕，曹丕一听就慌了，不知如何是好，只得又请教吴质。吴质微微一笑说："这还不好办！明天您再派车拉空笼进宫就行了。”第二天，杨修的耳目发现又有拉竹笼的车进宫，喜出望外，飞快地跑去报告曹操。曹操派人一查，都是空竹笼。曹操很不高兴，认为杨修一伙在陷害曹丕，由此对曹植怀疑起来。

杨修、贾逵、王凌为了使曹植更讨曹操的欢心，经常揣度曹操的心思，替曹植预先做出许多答辞，只要曹操有问，马上就抄录合适的答案送上，有几次甚至把原来写好的送进去了。这引起了曹操的怀疑：就是现写也没有这样快呀！曹操逐层追问，才知道是杨修等预先作的弊。这件事的泄露，使曹操对曹植的才华也产生了怀疑：既然答案能预先作成，那么以前的送别辞和铜雀台作的赋是否也是预先作的？曹植平时的言行是否也是杨修一伙人预先教的？曹操决定验证一下。他让曹丕、曹植各从邺城一个城门出去办事，而自己预先嘱咐守门人不得放出，他要看看两人到底如何行事。结果曹丕走到城门口，被守门人拦住，百般解释也未能出城，只好垂头丧气地返回。而曹植预先得到杨修的教示：“如果守门人不让出城，就以他不遵奉魏王命令为由，把他杀掉。”曹植杀了守门人，顺利地出城办了事。曹操一了解，又是杨修事先出的主意，越发认为曹丕朴实厚道而曹植虚华不实。虽然曹操本人也是个诡计多端、事不厌诈的人物，但曹丕、曹植都是他自己的儿子，他本能地对在两个儿子之间制造矛盾的杨修等人产生了憎恶。这样一来，曹操渐渐地对杨修等人捧起来的曹植也就越来越不喜欢了。

与此同时，曹丕买通了曹操左右的随从和宫人，他们在曹操面前一味称颂曹丕如何忠厚贤孝，终于使曹操下定决心立曹丕为世子，并杀掉了杨修。

曹丕的得立与杨修等人的被杀，使曹植精神上受到很大打击。他明白，自己并非没有才华，只不过被杨修等人弄巧成拙了；而曹丕也并非真正忠厚仁慈，只不过权术比自己更加高明罢了。曹植的羽翼已经除掉，没有人敢再来出谋划策了。从此，曹植在政治上毫无出路，只有借酒消愁、放浪形骸之外了。

建安二十四年（219 年），曹仁受到关羽围困，曹操派曹植为南中郎将、征虏将军，出发援救曹仁。出发前，曹操派人去叫曹植，准备嘱咐他一些注意事项，但曹植恰好被曹丕拉去喝得烂醉，百般呼唤不醒，这使曹操大怒，越发觉得曹植不可救药而不再任用了。

曹操死后，曹丕继承了王位。他即位后，马上找借口杀掉了早已恨之入骨的丁仪、丁廙。据说他还逼迫曹植七步之内作成一首诗，否则就杀掉曹植，但因为曹植吟出了本文开头引的那首《七步诗》，才免于一死。不久，曹植被赶到远离京城的封国。监国的谒者[1]灌均是个无耻小人，为了讨好曹丕，谎奏曹植酒醉无礼，劫胁天子使者。司法部门为了讨好曹丕，也请求以此为理由给曹植治罪。曹丕故意不加责罚，只把曹植贬为安乡侯了事。曹丕称帝的第二年，大封诸弟为公，唯独曹植低一等，被封为侯。一年之后，曹丕进诸弟为王时，才改封曹植也为王。曹丕对诸弟都存有戒心，而对曹植尤其嫉恨，就因为曹植是唯一能与他争夺并且曾经与他争夺过继承权的人。

从曹丕起，魏国的君主都猜忌诸王。诸王成年后一般不许留在京城，要远远地打发到封国去，并派人监视。为了防止诸王发展势力，封国几年就要更换一次，诸王平时不能随便进京，进京或返回途中不能同道而行，不能同舍居住，否则都算犯法。诸王虽有王侯之号，而实际如同匹夫，甚至想做个普通百姓都不可能，简直就像囚犯。

在这种禁锢压抑之下，曹植满怀忧愤，只有借写诗作文来排解自己的郁闷。

曹植曾有一篇有名的五言赠答诗《赠白马王彪》，序中自称黄初四年（223）五月与白马王、任城王一起朝京师，遇上天气不好，任城王病逝，七月里，曹植与

① 谒者：使者的别称。

白马王曹彪同道回封国。后来司法部门知道了，认为曹植、曹彪回封国不应同路同宿。曹植心中十分不满，作了这篇赠答诗，诗中用“鸱枭鸣衡轭，豺狼当路衢，苍蝇间白黑，谗巧反亲疏”表达了对曹丕及其爪牙的愤怒；用“叹息亦何为，天命与我违”“人生处一世，忽如朝露晞”表达了对自己凄惨命运的哀伤；用“离别永无会，执手将何时”“收涕即长路，援笔从此辞”表达了自己对前途未卜的绝望。

曹植不但在政治斗争中以失败告终，生活上也出现过悲剧，据说他的代表作《洛神赋》，就记述了他恋爱史上的一段不幸遭遇。

东汉末年，河北中山地方（今定州一带）甄姓大族中出了一个美丽的姑娘。姑娘 3 岁失去父亲，依靠哥哥姐姐长大，因为举止娴雅，性情和淑，十几岁时就远近闻名，求聘者不绝于路，但姑娘和她的哥哥都希望能和一位名家才子结成良缘。

当时，河北被袁绍把持。袁绍听说管内有这么一个美丽的姑娘，马上派人替他的第二个儿子袁熙求亲。袁家是东汉末年第一大族，四世三公，权倾天下，甄家怎敢不依，很快就把姑娘嫁给了袁熙。

袁绍父子昏庸无能，不久被曹操翦灭，甄氏成了俘虏。曹丕、曹植当时年近二十，都是翩翩少年。他们看见甄氏美貌绝伦、楚楚动人，一时都惊得目瞪口呆。尤其是曹植，倾慕甄氏的美丽和才华，愿意付出一切代价，只求与甄氏白头偕老。他冥思苦想后，决定向父亲要求娶甄氏为妻。没想到他去晚了一步，曹操已经答应了曹丕，将甄氏许配给曹丕了。曹植从此郁郁不乐，昼思夜想，饮食俱废。

曹植的心情很快被甄氏知道了。甄氏也爱慕曹植的多才多情，自恨今生今世不能与曹植结为夫妻。

曹丕称帝的第三年，曹植去京师朝见哥哥。当时，甄氏已被郭皇后陷害而死，曹丕悟出甄氏的冤枉，颇为后悔。他见到曹植，不免想起甄氏，于是拿出甄氏遗留下的玉镂金带枕，赐给曹植。见到甄氏的遗物，曹植泣不成声，十几年的思念、渴慕，如今都成为泡影，物在人亡，感伤万分。辞别曹丕后，他驾车东还，在洛水之滨休息时，恍惚看见甄氏从水上走来，向他诉说衷情，说完又飘然而去。曹植无限悲伤，于是作了一篇《感甄赋》，也就是有名的《洛神赋》。

当然，这是曹植思念过度产生的幻觉，但从赋中看出曹植对甄氏的一片痴情。曹植的后半生是在郁郁不得志的环境中度过的，爱情的挫折又给他的一生增添了一层不幸的色彩。

曹植在政治上失败后，虽然悲观失望。但他认为自己很有才干，可以辅佐国家建立功业。他不愿意碌碌无为，虚度年华，曾先后给曹丕及曹丕的儿子魏明帝曹叡写信，要求报效国家。曹丕、曹叡都很客气地作了回答，终于因为猜忌过重，不愿给他报效的机会。

魏时诸王封锢极严，为防止他们对中央政权造成威胁，官吏尽量派些庸庸碌碌的人，军队也都是老弱残兵，还限制不得超过 200 名。诸王的封国，几年一换，使他们不能形成势力。因为曹丕、曹叡对曹植猜忌最重，所以给曹植的待遇也最差，事事比其他诸王减半，11 年中竟让他迁徙了 3 个地方。曹植曾作琴瑟歌辞，把自己比喻成转蓬：到处漂流，没有归宿。他哀叹不如变成林中的草，虽然秋天被野火烧尽，却能与根荄连在一起。

就这样，一位才华横溢的文学家、大诗人，在悲苦忧郁、汲汲无欢中度过了几十个春秋。太和六年（232 年），年仅 40 岁的曹植发病而死。至死他也没能实现报效国家的愿望。

黑丑矮小、凶恶无比的皇后贾南风

永平元年（291 年）三月里的一天，正是春回大地、万物复苏的好天气，晋都洛阳金墉城里却一片凄惨景象。戒备森严的卫士封锁了城门，城中一个宽大的院落，权且被当作刑场。院子当中，绑着一个白发婆婆，已经不省人事，瘫软在地。一个中年妇女，呼天喊地，一会儿跪在行刑官面前，苦苦哀告开恩，一会儿双臂伸向四周的卫士，嘶喊着恳求他们援救。行刑官和卫士早已泪流满面，但都无可奈何。这个妇女突然抢过一个卫士的宝剑，解开满头乌丝，一剑斩断，然后用剑割下一块衣襟，又割破右手中指，写了几个大大的血字："臣妾杨芷百拜，愿以己身代母受刑，恳请皇后天恩。"她用血书包了断发，跪行到行刑官脚前，双手奉上。行刑官看了一眼，挥泪交给传令者。这时，满院的人都舒了一口气，等待着转机的到来。但最后传来的，却是"依原令执行"的命令。听到这几个字，那位疲惫不堪的妇女如雷轰顶，在一声"天哪"的哀嚎中昏了过去。

这位中年妇女就是刚被废为庶人的皇太后、晋武帝司马炎的皇后杨芷。那被处死的老太太是她的母亲——当朝皇帝的外祖母。而不肯开恩的正是她的儿媳——皇后贾南风。

贾南风是晋惠帝的皇后，又黑又矮，面目丑陋，而且心术阴险，性情凶恶。这样一个又丑又凶的女人为何做了皇后，又为何敢于公开杀死皇帝的外祖母呢？这还要从头说起。

晋武帝司马炎年轻时是个有作为的皇帝，中年之后却开始怠于政事，宠用外戚，制度废弛，尤其在选择继承人问题上犯了很大错误。

晋武帝有二十多个儿子，其中不乏聪明能干的，而立为皇太子的偏偏是最不中用的司马衷。司马衷是个白痴，是前皇后杨艳的长子，在封建社会中，是第一继承人。因为司马衷白痴，司马炎曾想另立太子，却遭到杨皇后的坚决反对。后来杨皇后生病，怕司马炎立胡夫人为皇后，对太子不利，临终前一再嘱咐司马炎娶她叔父杨骏的女儿杨芷为继后，司马炎流着眼泪答应了。这样，这位傻太子的继承人地位才算保住。

杨艳在世时，曾为傻太子选妃。当时司马炎和杨艳的意见不一致，司马炎想选名门世族卫瓘的女儿，而杨艳想选勋臣贾充的女儿，在这个问题上引起了争论。司马炎说："卫家妇女有贤淑的传统，长得苗条美丽，皮肤洁白，而且多生儿子；贾家的妇女却历来妒忌，长得又矮又丑，皮肤又糙又黑，而且生子不多。”但杨艳因为得了贾充妻子郭槐的许多礼物，固执地坚持自己的意见，其他几个受过贿赂的大臣也竭力宣扬贾充女儿美丽贤淑，于是最后决定娶贾充的女儿为太子妃。开始时，选的是贾充的次女贾午，长得还算顺眼。后来，因为贾午年龄太小，个子太矮，穿礼服都撑不起来，才换了贾充的长女贾南风。贾南风继承了父母的所有短处，又矮又丑，脸色黑中透青，如同鬼怪一般。她出奇的妒忌，又多权诈，能驾驭震慑太子，所以太子非常怕她。

说起贾南风的妒忌来，主要是受她母亲郭槐的影响。郭槐是贾充的次妻。贾充前妻李氏，是个贤淑美丽的女子，因为父亲犯罪被诛，李氏被流放到边远地区。后来，贾充又娶了郭槐。司马炎篡魏后，李氏被大赦回来，司马炎下特诏允许贾充置左右夫人，意思是让他迎回李氏，与郭氏并为夫人。贾充的母亲怀念儿媳，也让他迎回李氏。郭槐知道后大怒，又哭又闹，声称贾充的功业是她帮助建立的，罪妇李氏哪能和她并列？闹得贾充没有办法，只好找借口答复司马炎，说自己无德无能，不敢当设两个夫人的盛礼。贾充与李氏曾生下两个女儿，长女嫁给司马炎的弟弟齐王司马攸为王妃。她听说母亲不能回家，三天两头在贾充面前哭号，责备贾充没有良心。贾充心里惭愧，于是偷偷在城里给李氏盖了房子居住，但自己始终没敢去看过一回。

郭槐的妒忌甚至达到神经质的地步。她生过两个男孩，第一个男孩 3 岁时，乳母抱着在窗前玩耍，正好贾充进屋，孩子高兴得伸出两手要求父亲来抱，贾充走过去从乳母手中接过来。不料被郭槐看见了，以为贾充与乳母关系暧昧，马上气势汹汹地拉出乳母，活活打死。孩子因为失去了乳母，啼哭不止，不久生病死去。第二个男孩生下后刚刚一年，也是因为乳母抱着，贾充走过去用手摸了摸孩子的头，被郭槐看见，以为乳母勾引贾充，又把乳母活活打死。这个孩子失去乳母，不吃不喝，终日啼哭，不久也死去了。就这样，贾充没有养大一个男孩。

贾南风的妒忌酷虐，更甚于其母。在宫里，小不如意，就杀死宫人。一次，她听说一个宫人为傻太子怀了个孩子，已经快生产了，登时大怒，立命将宫人带到面前，随手抄起一支短戟，向宫人的大肚子刺去。宫人大叫一声，向后倒去，随着血花飞溅，一个正在蠕动的孩子掉在地上。情景之惨，令人目不忍睹。这件事传到司马炎耳中，司马炎大怒，悔恨自己听了杨艳的话，娶了这样一个母夜叉。当时正好金墉城修成，司马炎决定废掉贾南风，打入金墉城冷宫，为太子另选贤淑女子。当时杨艳的妹妹杨芷已入宫当了皇后，杨芷是个知书识礼、非常贤惠的女子。她认为贾南风年纪还小，还可以教育，而且贾充是晋王朝第一号功臣，不能因为贾南风就忘掉贾家的大德。皇后不同意废掉贾南风，再加上其他人的劝阻，司马炎渐渐消了怒气，没有再提废太子妃的事。

事后，杨芷把贾南风叫来，狠狠训斥了一顿，严厉地告诉她一个妇人应该具有怎样的美德。杨芷全是一片好意，但贾南风以为她在司马炎面前说了自己的坏话，才差点儿没被废掉。杨芷仅比贾南风大几岁，在名分上，贾南风是儿媳，杨芷是婆婆。贾南风不敢当面顶撞婆婆，心里却埋下了仇恨的种子，盼望有朝一日当了皇后，一定要置杨芷于死地。

司马炎去世后，傻太子司马衷做了皇帝，贾南风做了皇后，杨芷被尊为皇太后。当时握有实权的是杨芷的父亲太傅杨骏。贾南风为了夺权，设下计谋，诬陷杨骏谋反，指使楚王司马玮、东安王司马繇以皇帝的命令收捕杨骏。当时宫城内外隔绝，杨芷听到消息焦急万分，急忙写了一封信，射出城外，声称“救太傅者有赏”。没想到，信射出后被二王部下捡到，交给了贾南风。贾南风马上把书信内容公布于众，宣称太后与杨骏共同谋反，派人把杨芷送到永宁宫幽禁。当时杨骏已死，贾南风假惺惺地赦免杨芷母亲庞氏，让她与杨芷住在一起，然后，暗暗指使爪牙上表请求废掉皇太后。经过朝臣们辩论之后，贾氏一派占了上风，杨芷被废为庶人。随后，贾南风的爪牙又上表说："杨骏作逆，家属本应杀死。之所以留下杨骏妻庞氏的性命，是为了安慰太后。今太后已废为庶人，特请按规矩行事，将庞氏正法。"这样，就演出了本文开头的悲惨一幕。

杨芷断发血书，自称臣妾，也没能使贾南风产生出半点恻隐之心来。庞氏死后，杨芷因受刺激太深，被抬回冷宫后，已奄奄一息，全凭侍御喂水喂饭延续生命。不久，贾南风把侍御全部调走，杨芷终因无人送饭，饥饿而死。

贾南风听说杨芷死了喜出望外，可又怕死讯不实，便亲自带人前去验尸。她看到杨芷的尸体嘴张着，双目不闭，好像在控诉自己，吓得失魂落魄。贾南风是个很迷信的人，怕杨芷到阴间告状，于是命令宫人把杨芷的嘴里塞上糠，眼睛缠上布，脸朝下放在棺材里。棺材里还放上了符书和药物，防止她作祟报仇。

害死太后之后，贾南风把大权抢到自己手中。司马衷是个白痴，什么事都做不了主，朝廷里一切内事外事都决定于贾南风。贾南风肆无忌惮，更加为所欲为。她的堂兄和姨舅，都身居显位，执掌朝政。贾南风如此恣意逞威，但她仍有一件心病，那就是自己没有亲生儿子。

白痴皇帝司马衷有个极聪明的儿子，名叫司马遹（yù）。司马遹的母亲是谢夫人。因为贾南风太凶虐，所以，谢夫人刚有孕时，便被司马炎保护、隔离起来。司马遹出生后，非常聪明可爱，司马炎把他留在自己身边，连司马衷也不知道自己已经有了儿子。一次，司马衷去见司马炎，和正在那里玩耍的弟弟们一一拱手，轮到司马遹时，司马炎说："这是你的儿子。"司马衷这才知道自己有了儿子。

司马炎在世时，担心司马衷会送掉自己的江山，曾打算另立贤明的儿子当太子，只是因为孙子司马遹聪慧过人，尚有一线希望，才没有废掉太子。想不到司马遹长大立为太子后不好好读书，变得虚华起来。贾南风正忌恨司马遹，看到有机可乘，就密令宦官教坏，引逗太子斗鸡走马，及时行乐。司马遹的母亲谢夫人出身屠家，带有商人习气，司马遹也喜欢做买卖。他在宫里设市场开店铺，他能用手掂肉，斤两不差；又在西园里卖菜、卖鸡、卖面，收取盈利。这样，司马遹的名声一天天坏下去，为贾南风废太子打下了基础。

贾南风的母亲郭槐见贾南风没有儿子，就劝她抚爱太子，给自己留一条后路。郭槐重病时，司马遹亲自伺候，郭槐深受感动。临死前，她拉着贾南风的手说：“你要记住我的话，好好爱护太子。”

郭槐死后，贾南风自己生了个儿子，于是，对司马遹更加视如眼中钉、肉中刺，恨不能即刻拔掉。元康九年（299年）十二月，贾南风诈称司马衷不舒服，召太子入朝。她让一个心腹宫女陈舞把司马遹领到殿内，赐他酒和枣，硬把他灌醉，然后趁醉让他抄写一封信，信中说：“陛下应该自己裁决，不然，我就要去结果他；中宫（皇后）也应该自己裁决，不然，我也要亲手去结果她。请谢妃同时行动，切勿犹豫，以防后患。”司马遹昏醉之中，不辨内容，写得乱七八糟、不清楚的地方，贾南风又补充好，然后令人呈给司马衷。司马衷看后大惊，召公卿商议，打算赐死太子，经过两个老臣的辩解力争，才决定废太子为庶人，与太子妃王氏、3个皇孙迁到金墉城内幽禁。对这种处治结果，贾南风大为不满，她授意黄门自首，说太子鼓动他们一起造反。于是，又把太子迁到许昌宫里幽禁。

司马遹的岳父是当时有名的清谈家王衍。王衍虽然口谈黄老，却是个无耻小人。以前，他依仗自己是太子岳父而作威作福，听说太子被废后，怕牵连自己，马上宣布女儿与太子离婚。他的女儿却是个有情义的人，不愿离开太子，但终究拗不过父亲，只得恸哭着回到娘家。

司马遹被押送到许昌后，写信给离婚的妻子，诉说自己的冤枉，请求岳父大人帮助申冤。信中说：“我虽然愚顽，但心是好的，我虽然不是中宫所生，但侍奉中宫如同亲生母亲。这次入宫去见父皇，被带到殿内后，宫人陈舞让我坐在空屋子里。中宫远远呼喊陈舞，拿来3升酒给我喝，又拿来一大盘枣给我吃，还命令我必须喝完。我从来不惯喝酒，声明喝不了3升，但陈舞传来中宫的话，说我不孝，问我是不是怀疑酒中有毒。不得已，我喝了2升，请求将剩下的1升带回去喝，陈舞不许，立逼我喝完。喝过酒后，我头脑昏乱。一个宫人拿来一个小箱，说父皇命我抄信，她逼我快抄，不容分辩。因为是父母命令做的事，我没有疑心，实在不知道自己抄了些什么。现在受到如此诬陷，真是有口难辩。望贤妻能以旧情为重，托岳父大人代为申明。”

王衍看到信后，虽然明白贾南风在陷害太子，但事关自己前途，竟然不肯为女婿申明。

贾南风的暴虐、太子的受诬，引起朝臣与百姓的愤怒，有人声称要废掉贾后，迎回太子。贾南风听说后，又惊又怕，马上与情夫太医令程据商量，由程据合成巴豆杏子丸，让爪牙拿到许昌去毒害太子。司马遹早就防备有人毒害他，每天都自己煮饭。后来，爪牙又把司马遹关到一个小房里，不给饭吃。宫人惦记司马遹，从墙上送饭给他吃。爪牙没有办法，最后用药杵打死了司马遹。司马遹死时，才 23 岁。

贾南风害死婆婆、婆婆的父母及太子，引起天下人的愤恨。赵王司马伦、孙秀趁势起兵。齐王司马冏的母亲是贾充前妻李氏的女儿，与贾南风势不两立，司马冏亲自入殿废除皇后。贾南风看到司马冏闯进殿来，大吃一惊，问道：“你来干什么？”司马冏回答：“有诏命收捕皇后。”贾南风问：“诏命都从我这里发出，你受谁的诏命？”她急匆匆地跑到院子里，看见自己的爪牙死的死，逃的逃，已经没有一个助手了，只得束手就擒。

这个黑丑矮小、凶恶无比的贾南风，终于因为恶贯满盈，被司马伦矫诏用金屑酒赐死了。但是，因为收捕贾南风而起的八王之乱，以后继续扰乱着晋朝宫廷。

白痴皇帝被居为奇货

上段故事介绍过，晋惠帝司马衷是个白痴。封建宫廷里，帝王后妃与他们的子女接触并不密切，所以，司马衷究竟是不是白痴，痴到何等程度，他的父亲司马炎并不十分清楚。司马衷的姥姥杨家、岳丈贾家都希望司马衷能做皇帝，千方百计在司马炎耳边吹风，说太子其实不痴不呆，只不过表达能力不强罢了，搞得司马炎自己也糊涂了，便决定试一试太子的智力究竟如何。

一次，司马炎叫手下写了一个奏折，请求关于几件事情的处理办法，封好后送到东宫，请太子处理。消息传到太子妃贾南风那里，把她吓了一跳，她忙不迭地叫来自己的亲信，让他们旁征博引，要求结构严谨，文辞华丽，代写处理意见。她的亲信说："陛下知道太子读不好书，如果旁征博引，文辞华丽，反而生疑，不如就事论事，简单地说出处理意见倒好。"贾南风一听有理，就让这个亲信起草，司马衷抄录。司马炎看后，觉得虽然文辞不佳，但道理讲得清楚，非常高兴。从此，他认为太子并不像别人说得那么傻，也就放了心。

司马衷称帝后，左右侍臣都是贾南风布置的亲信，他们寸步不离皇帝，上朝时紧贴帝座周围，朝臣奏事后应该下旨时，他们假装到司马衷面前请示，然后大声向殿中文武大臣宣敕。帝座远离殿前文武，因此，除少数侍臣、国戚外，一般人看不出皇帝的智能有什么异常。

司马衷完全是个傀儡，天天在那里摆样子。天长日久，他听惯了大臣们进表，侍臣们宣旨，对一些事逐渐耳熟起来，有时不免要好奇地插一两句嘴。但这一插嘴，往往就闹出笑话来。

一次，司马衷在华林园里游玩，听到蛤蟆声此起彼落，叫个不停，突然想起早朝时群臣关于某个朝臣办事为官还是为私的争论，于是问左右侍臣说："这些叫唤的，到底是为官、还是为私呢?"侍臣们先是一愣，随即想起早朝时朝臣的呱呱争论，真和这蛤蟆叫声一模一样。他们不敢指出司马衷的痴傻，又不能不回答，只好忍住笑说："这些蛤蟆叫，少数是为官，多数是为私。"

又有一次，某大臣上表，报告天下荒乱，到处都有百姓饿死，请求朝廷开仓放粮。这个大臣因忧国忧民，对朝廷的上下昏庸已忍无可忍，于是声调高了些，表情也就激愤了些。司马衷身边的侍臣还没来得及想出对答之词，司马衷已经站起来，大声反问道："没有粮吃，为什么不喝肉粥?"听到这种莫名其妙的回答，殿中文武才证实了他们早就疑虑的问题：原来，关于皇帝痴傻的传说竟然是真的！

像这样一位白痴皇帝当政，又有贾南风把持政权、独断专行，国家出现了将乱的苗头。

魏时诸侯没有实权，禁锢极严，中央孤立，以致司马氏轻而易举地夺取了政权。司马炎接受前代教训，即位后大封诸王，这些封王入则执掌中央大权，出则掌有封国的财、政、军权，势力很大。司马衷的痴傻，给一些野心家造成了机会，他们跃跃欲试，都想登上皇帝宝座。贾南风为了巩固政权，排除异己，也千方百计地利用或消灭诸王。从司马衷即位到他死去的 17 年中，先后有 8 个封王活跃在政治舞台上，你争我斗，互相残杀，这就是晋朝历史上有名的“八王之乱”。8 位野心家都想登基称帝，但因为彼此势力大致均衡，强手太多，相持不下，又不得不把白痴皇帝抬出来当傀儡。司马衷一方面是诸王消灭的目标，一方面又是他们利用的挡箭牌，被居为奇货，争来抢去，扮演了中国史上从未有过的奇特角色。

“八王之乱”的八王，是汝南王司马亮、楚王司马玮、赵王司马伦、齐王司马冏、长沙王司马乂（yì）、成都王司马颖、河间王司马颙、东海王司马越。

汝南王司马亮是司马炎的叔叔，司马衷的叔祖父，辈分大，而且威望高。司马炎在世时就让他做宗师，管理教训宗室人员，并担任侍中①、大司马等重要官职。杨骏一直妒忌司马亮，乘司马炎病重之机，借口让他出外镇守，排挤出京。贾南风诛讨杨骏时，考虑到司马亮的兵力与威信，派人前去联系，让他举兵声讨，司马亮没有同意。不得已，贾南风又去联系当时镇守荆州的司马衷的五弟楚王司马玮。司马玮是个血气方刚的年轻人，狠戾好斗，听后欣然答应，立即举兵入朝，协助消灭了杨骏。杨骏死后，司马亮被征入朝，拜为太宰②，与当时的名臣卫瓘共辅朝政，楚王玮也被封为卫将军，直接掌握宫廷卫戍。司马亮、卫瓘畏惧司马玮，想夺去他的兵权，引起司马玮愤怨。他听从幕僚的计谋，千方百计地巴结贾南风，在她面前说了司马亮、卫瓘许多坏话。贾南风也忌恨他们二人专权，自己不能肆意胡为，于是哄骗司马衷亲自作诏赐给司马玮，让他把住诸宫门，免去司马亮、卫瓘的官职。事情来得突然，司马玮不敢相信，要求进宫问明，但送诏的侍臣说："这件事本来机密，如果去问，必然泄露。"司马玮信以为真，又想到借此可以报复私怨，于是召集人马，声称讨逆，杀死了司马亮与卫瓘。

① 侍中：侍从皇帝左右，出入宫廷的一种官职，由于接近皇帝，地位贵重。
② 太宰：辅佐天子的官，官位极高。

事情干完之后，贾南风又怕司马玮势力太大，对自己不利，她想了个一箭三雕的方法，以白痴皇帝的名义派人对司马玮的兵士说：“楚王假称皇帝的旨意，杀了两位大臣，大逆不道，请大家不要受他的蒙蔽。”兵士们听了，一哄而散，只剩下司马玮一人呆若木鸡，束手就擒。司马玮被扣上擅杀国家大臣的罪名，判处斩刑，夷灭三族。

司马亮、司马玮死后，司马衷完全被掌握在贾南风手中，成了她滥施淫威的工具。贾南风任用外戚掌管大权，当朝有识之士纷纷辞官回家，或寻名山大川游逸隐居，以避杀身之祸；或沉湎于酒色，用醉狂放荡来表达自己的愤世嫉俗。当时最有权势的是贾家及贾南风的姥姥家郭家。贾家、郭家子弟把持了最重要的职位，公开收受贿赂，营私舞弊，势利小人互相举荐，买官卖官，好像做买卖一样。

就这样，晋朝廷上下一片混乱。永康元年（300年)，贾南风终于设圈套废了太子。这时，早就在窥探时机的野心家右将军赵王司马伦乘势而起了。司马伦是司马昭、司马师的九弟，汝南王司马亮的弟弟，他不像几位哥哥那样或足智多谋，或英俊有为，而是一个浑浑噩噩，才能低下的庸碌之辈。司马伦听信手下一个佞臣孙秀的计谋，多年来一直讨好贾、郭两家，深得贾南风的信任。太子被废后，东宫旧将官愤愤不平，打算除掉贾南风，恢复太子的地位，他们看到司马伦是个见利忘义的家伙，手中又有兵权，可以利用，于是向孙秀陈说利害，让他鼓动司马伦起兵。司马伦很快同意了，但临起事时，孙秀说："太子很聪明，如果能回东宫，肯定不听我们的话。您向来依附贾后，是众所周知的，现在就是帮太子还东宫，太子也会说您迫于形势，并非真心，不会感您的恩的，没准将来还会找您的麻烦。不如先别动手，等贾后害死太子，咱们再以为太子报仇的名义除掉贾后。这样不但能免祸，还可以得志呢！"

于是，孙秀派人行反间计，促使贾南风杀了太子，然后他们又起兵杀了贾南风，一箭双雕，搬掉了两块绊脚石。

司马伦没有什么本事，但野心很大，一心想当皇帝。贾南风和太子既死，司马伦就紧紧抓住司马衷这个白痴，事事借口皇帝旨意，来一步步地扫除障碍，达到自己登基称帝的目的。这时的司马衷，又成了司马伦手中的工具。司马伦先让司马衷封自己为使持节、相国①等最高级的官位，又把孙秀等一帮爪牙都封作大官。

赵王司马伦和孙秀如此跋扈，使得宗室子弟愤愤不

① 使持节、相国：使持节，魏晋南北朝时，掌地方军政的官往往加使持节的称号，给予诛杀中级以下官吏之权；相国，辅佐皇帝的最高官职。

平。司马伦利用司马衷的痴傻，杀死了这些宗室子弟，并安排自己一个亲信的外孙女羊氏当了皇后，把内外大权都掌握到自己手中。一切组织准备和舆论准备做好之后，司马伦与孙秀指使自己的亲信假称看到了宣帝司马懿的神灵，说宣帝郑重嘱咐说，一定要让司马伦入继大统。接着，他们逼迫司马衷交出皇帝的玉玺绶带，强迫他下诏书禅让。司马衷禅让后被封为太上皇，搬到一直作为冷宫的金墉城去住。孙秀又派重兵防守，唯恐白痴皇帝被人劫去，成为他人的工具。

司马伦当上皇帝后，大封自己的爪牙为高官，甚至奴隶、兵卒，也得到了爵位。司马伦的篡位行为惹恼了几位封王。司马衷的堂弟齐王司马冏首先举兵声讨，司马衷的六弟长沙王司马乂和十六弟成都王司马颖、族叔河间王司马颙也起兵响应。诸王一路得到各地支援，朝中百官将士也振奋起来，鼓动洛阳兵士杀了孙秀，逼迫司马伦下诏退位，又把白痴太上皇从金墉城接了回来，一时满城百姓齐呼万岁。

齐王司马冏光复朝廷功居第一，受到了官加九锡的最高待遇，与皇帝位仅差一步之遥。他掌握朝廷的政权和兵权。这又引起司马颖和司马乂的嫉妒和不安。司马冏考虑到司马衷子孙都已死绝，害怕最有希望继承皇位的皇弟司马颖将来登基对自己不利，于是立了司马衷一个8岁的侄儿当太子，自己做了太子太师。齐王司马冏原来是个很有作为的人，此时功劳大了，地位高了，渐渐变得骄傲起来。他独揽朝政，又想翦灭诸王势力，一时在朝野威信大失。河间王司马颙乘机联合成都王司马颖、长沙王司马乂等举兵讨伐司马冏，司马颙的部将张方率军直赴洛阳。长沙王司马乂深知在这种场合下，谁能挟持住司马衷，必然在舆论上占上风。于是他率领左右百余人驰入宫中，找到司马衷，然后，拥奉着他来讨司马冏。司马乂、司马冏在洛阳城内摆开了战场。为了争取双方兵士，司马冏派人驰马宣告说："长沙王司马乂假传圣旨。"司马乂也使人宣告说："大司马司马冏谋反。"当天晚上，洛阳城内展开一场恶战，飞箭如雨，火光映天，白痴皇帝只好躲避到上东门。古代没有望远设备，不知司马乂拥出的皇帝是真是假，乱箭纷纷射来，白痴皇帝险些成了箭下之鬼，群臣死的死、伤的伤，就更不用说了。恶战了三日，以司马冏大败被斩告终。从此，长沙王司马乂又成了最有权势的人物。

不久，司马乂的专权引起成都王司马颖和河间王司马颙的不满，二王联合起兵讨伐司马乂。司马乂紧紧控制着皇帝司马衷不放。他带着司马衷一起来到洛阳城西的十三里桥，亲自抵抗司马颙的前锋张方。随着战事的展开，他又把司马衷挟持到洛阳城的宣武场、河桥、芒山，后来又到了洛阳东北的偃师。张方乘势进入洛阳，大肆抢掠，都城洛阳死者成千上万。

司马乂看到张方的残暴引起朝野不满，认为可以反击了，于是，挟持着司马衷攻讨张方。张方的兵士看见皇帝的车马来了，纷纷逃跑，于是张方大败。

由于长沙王司马乂一直挟持着司马衷，而且对皇帝不曾失礼，所以很得兵士的拥护。但与司马乂共事的司马衷的族叔东海王司马越畏惧张方的强盛，他联合殿中侍卫拿下了司马乂，并暗报张方，带回营中，司马乂被张方活活用火烧烤而死。

司马乂既死，司马颙、司马颖上表请求废除了司马伦所立的皇后羊氏和太子司马覃。司马颙因自己不是嫡支，没有继承大统的希望，又上表请求立一同起兵的成都王司马颖为皇太弟，司马颖长得仪表堂堂，风度潇洒，开始时受到一致拥护。但他外表虽好，其实是个庸才。他信任佞臣，奢侈腐化，不久就露出了本相，一时上下大失所望。东海王司马越乘机起兵声讨，抢到了白痴皇帝，并挟持着前往司马颖的老巢邺城声讨。

司马颖听说白痴皇帝亲自出征，布置部下说："除了皇帝外，见一个杀一个！"见司马越的队伍向邺城袭来，司马颖的部下奋勇向前拼杀，果然遵从司马颖的命令，连司马衷身边的朝官都毫不留情地杀死，以致鲜血溅到司马衷身上，吓得他倒在荒草之中，御玺也丢失不见了。司马颖的部将找到了皇帝司马衷，赶紧把他抢到自己营中。这时，司马衷已经一天没进水米了，饿得发慌，只好吃侍从送来的野桃充饥。

司马颖夺走皇帝，引起当时驻守幽州的王浚的不满，起兵攻打邺城。司马颖的谋士劝他挟持司马衷回洛阳，但司马颖的母亲程太妃留恋邺城，不肯离开。正在犹豫不决时，军队已经大败，司马颖只好率帐下几十骑拥着皇帝坐牛车南奔洛阳。仓促之间，大家都没有带旅费，只有一个侍从有些私钱，司马衷只好下诏向他借钱，在路上买了点饭，用瓦盆盛着吃，晚上则盖着这个侍从的布被御寒。一路上，真是急急如丧家之犬，忙忙似漏网之鱼。经过温（今河南温县西南）的时候，司马衷下车拜谒祖陵，因为路上匆忙丢了鞋，只好穿随从的鞋子下车拜陵，痛哭一场。

司马颖挟持着司马衷逃到洛阳后，在洛阳把持朝政的是成都王司马颙的部下张方。张方是个极横暴的人，他不让司马颖参与政事，自己却纵容士兵剽掠抢劫，无恶不作，遭到朝野一致反对。张方看看在洛阳站不住脚，打算迁都到司马颙的老巢长安。他怕司马衷和公卿不愿迁都，假装请司马衷拜谒祖庙，准备半途中把他劫走。但司马衷没答应随他去谒庙的事。于是，张方亲自引兵闯入殿中来劫皇帝。司马衷吓坏了，跑进后花园，钻到竹林中，被张方的兵士搜出来硬拉到车上载走了。张方抢走了皇帝，又纵容部下抢掠宫人、宝物。洛阳自曹魏以来，中经晋代，近百年的经营和积蓄，一下子被抢了个精光。

迁都长安以后，司马颙废掉了皇太弟司马颖，另立司马衷的一个没有势力的弟弟豫章王司马炽为皇太弟，朝廷大权完全掌握在司马颙及其部将张方手中。

司马颙的独断专行又引起其他诸王的不满，王浚等公推东海王司马越为盟主，准备讨伐司马颙，恭迎司马衷还复旧都洛阳。司马越经过近一年的争战，攻下了长安，白痴皇帝又被用牛车载回洛阳。就这样，由于诸王的野心勃勃、竞相争斗，白痴皇帝被奉为至宝，争来抢去，风餐露宿，吃尽了苦头。

司马衷回洛阳不久，一次吃面饼中毒，第二天就呜呼哀哉了。有人说，是司马越下的毒。但是否真是司马越下毒，司马越又为什么毒死这个白痴皇帝，则无从知晓了。司马衷死时 48 岁，在位共 17 年。

父子兄弟全无人性

晋末八王混乱时，居住在北方诸州郡的少数民族贵族乘乱而起，推翻了西晋政权，先后建立起十几个少数民族政权，历史上称为十六国时期。因为十六国主要是匈奴、羯、氐、鲜卑、羌等少数民族建立的政权，所以又称五胡十六国时期。

十六国中的后赵是羯人石勒建立的政权。

石勒出身于羯族的一个小头目家中。西晋政权对少数民族的剥削、压迫是很残酷的，石勒年轻时曾给人做过田客，逃过荒乱，还被人绑去卖为耕奴。他受尽苦难，养成了强烈的破坏心理和报复心理。拥戴石勒起事的一批人，多数做过强盗，是些山野亡命之徒，凶狠残暴成性。以这些人为核心建立的后赵政权，其宫廷生活中自然也充满了凶残的气氛，尤其是后赵第三代君主石虎父子的相互残杀，几乎达到灭绝人性的地步。

石虎，字季龙，按辈分论，石虎是石勒的侄子，但他从小被石勒父亲抚养为子，受到石勒母亲的宠爱，所以，也有人说石虎应该是石勒的弟弟。石虎 17 岁时，与石勒母亲一起被送到石勒军队中随军。

石虎从小受娇宠，喜欢骑马射箭、四处闲逛。随军后，倚仗养母的权势，天不怕地不怕，胡作非为。他喜欢玩弹弓，有时弹鸟，有时弹树，后来竟然弹起人来。一次，为了炫耀自己百发百中，弹瞎了一个士兵的眼睛。营中士兵早就不满石虎暴虐，于是闹起事来，纷纷到自己将官处告状，要求解甲归田。石勒听说后大惊，马上去请示母亲，要求杀掉石虎，以安军心。可石勒母亲对他说："常毁车的牛犊子长大了往往是好牛。虎儿虽然可气，但以后会有大用，杀了就可惜了。你教训教训他，让他不敢胡作非为就行了，长大后他会帮助你打天下的。"石勒一听有理，就没有把他杀掉，只是把他狠狠打了一顿，看管起来。

一年之后，石虎稍能约束自己了，在石勒的严厉管教下，武艺也大有长进。他身高七尺五寸（约合现在1.8米），善于弓马，矫健得像豹子，轻捷得像燕子，勇猛冠于天下，为石勒立了不少战功。石勒非常赏识他，拜他为征虏将军，并替他聘娶当时有名望又有地位的将军郭荣的妹妹做妻子。

然而，石虎虽比从前有所改进，还是凶残无比。他有一个优僮，叫郑樱桃，长得很漂亮，又能说会道，惯会迷惑男人。她觉得有了郭氏，自己行动很不方便，就编造了郭氏许多坏话，激怒石虎，杀了郭氏。郭氏死后，石虎又娶了名门望族崔家的女儿为妻，不久，又被郑樱桃用老办法害死。后来，石虎又陆续娶了名门望族的女儿郑氏、杜氏为妻，郑氏给他生了儿子石邃、石遵，杜氏给他生了儿子石宣、石韬。可能因为有了儿子，也可能后来郑樱桃死了，他才没有再杀杜氏、郑氏。

在石虎的帮助下，石勒灭前赵，建立了后赵，自称大赵皇帝。

石勒称帝之前，位居大单于、赵王。大单于是胡人的最高称谓，仅次于汉人的皇帝。石虎认为，除石勒外，自己的功劳最大，石勒当了皇帝，大单于的称号必然落在自己头上。想不到石勒称帝后，没有封石虎，而是封自己的儿子石弘做了大单于。石虎心里怨气冲天，对他的儿子石邃说："主上不过坐在那里指挥，全靠我舍生忘死、亲冒矢石，才打下江山，大单于的位子只有我才有资格坐。石弘算什么东西？不过是个乳臭未干的小子，凭什么让他当大单于！这件事想起来就让我生气。别急，等主上哪天一死，我就让他断子绝孙！"果然，石勒死后不久，石虎就篡夺了后赵政权，杀死了石勒所有子孙。石虎自称大赵天王，立石邃为天王皇太子，石邃母郑氏为天王皇后。

太子石邃的荒淫凶悖比其父有过之而无不及。他不喜欢过问政事，只知胡作非为。有时外出打猎，几天不归，回来宫门关了，就爬墙进去；有时半夜闯进宫官家里，奸淫人家妻妾；有时竟然兽性大发，酒席筵上杀死宫中美女，砍下头来，洗去脖上血痕，盛在漆盘里，遍席传阅，观赏评论。他还曾经挑选美貌尼姑拉入宫中，羞辱够了杀死，与牛羊肉煮在一起吃，或者盛在盘里遍赐随从，让他们分辨哪是人肉，哪是牛羊肉。

石邃贵为太子，是石虎的法定继承人，但石虎对他不及对杜氏所生的石宣、石韬那么宠爱。石虎常常夸赞这两个兄弟而训斥石邃。有一次，石邃认为有几件事应该处理，去请示石虎，石虎因为不喜欢石邃，就瞪起眼睛说："这么点小事，也来麻烦我！"狠狠地把石邃骂了一顿，石邃脸上红一阵白一阵，羞恼异常。此后，石邃遇到类似的事就不去请示，自己处理了事。日子久了，石虎又大怒说："这种事为什么不来请示？"他一边冷嘲热讽，一边用棍子追打石邃。石邃不敢还口、还手，但心里却充满了仇恨。一天，石邃对随从李颜说："主上这么难伺候，让人不能容忍，我想杀死他，你们能助我一臂之力吗？"随从们知道这是大逆不道的事，吓得趴在地上，不敢吭声。石邃看无人响应，也不敢贸然行事，他假装生病，不去上朝。

石虎听说石邃病了，心里十分怀疑，便派了一个最信任的女尚书①，以慰问为借口前去观察真伪。石邃心中正没好气，他假装把女尚书叫到面前说话，乘她不防备，一剑砍下头来。石虎正在宫中饮酒作乐，等候回音，结果，等来的不是花枝招展的女尚书，而是一颗血淋淋的人头。石虎勃然大怒，马上派人把石邃监禁起来。

不久，石虎又回心转意，打算赦免石邃，父子重归于好。他下了一道赦令，并召石邃到太武东堂进见。但石邃心中仍充满怨气，气狠狠地来见石虎，一句话也没说，照了一下面，扭头就走。石虎还想缓和局面，派人追上去问："还没朝见皇后，怎么就匆忙走了？"石邃理也不理，扬长而去。石虎登时大怒，马上下旨把石邃废为庶人。石虎恨犹未消，当天晚上，派人杀了石邃及其妻妾子女 26 人，把他们埋在了一个大棺材里。然后，他又杀掉了东宫宫臣党羽 200 多人，废掉郑氏，另立儿子石宣为天王皇太子，石宣母亲杜氏为天王皇后。

石宣也是个暴虐不道的人。有一次，侍中崔豹嘲笑他的属官孙珍眼窝深，说可以存尿，想不到犯了石宣的大讳，他马上派人杀了崔豹父子。原来，石宣遗传有胡人相貌特征：鼻子高，眼窝深，连鬓大胡子。所以他最

① 尚书：在皇帝左右办事，掌管文书奏章等的重要官职。

忌讳有关这类的言谈。

石宣与父亲石虎一样，很喜欢打猎。石虎打猎时要有女骑士1000人的仪仗队。女骑士们头戴紫纶巾，身穿绣锦裤，腰扎金银镂带，脚蹬五种花纹织成的靴子。石虎率领猎队出发时，前呼后拥，非常气派。后来石虎年岁大了，身体发胖，不便骑马，就造了1000辆猎车。车身长3丈，高1丈8尺。还造了40辆兽车，车身多层，像楼一样。石虎划了一个极大的猎场，派朝廷司法官看管，如果有人进入打猎，就处以死刑。石宣围的猎场更大，每边长百里，远近禽兽都被赶进场里。打猎时，晚上点起火把，照耀得如同白日。石宣经常带着他的宠姬显德美人乘辇观看射猎，高兴时要等到场内野兽一个不剩才肯离开。石宣打猎时，命令文武官员立着或跪着围守在猎区周围，不能让野兽跑掉一个。如果野兽从哪里逃出猎场，哪里的官员就得受罚：有爵位的罚下马步行一天，无爵位的则鞭打一百。每次出猎，都搞得人心惶惶。有时为了一场围猎，士卒饿死、冻死的不下万人。

石虎很欣赏石宣的围猎办法，命令石韬向石宣学习。于是石韬也大张旗鼓，率众张网打猎。不料这样一来，引起了石宣的不满。

石宣与石韬虽是同母兄弟，但因为石虎偏爱石韬，石宣早就怀恨在心。石韬围猎又大出风头，便更引起了石宣的忌恨。石宣手下有个宦官，平时对石韬不满，经常向石宣散布石韬有野心之类的坏话。恰巧，石韬要在府中建一座大殿，准备用9丈长的殿梁，超过了亲王宫殿的制度，这在封建社会中是不允许的。石宣知道后大怒，派人杀了工匠，并把梁截去一段。石韬很生气，他又换了新梁，而且增长到10丈。石宣听说后，气坏了，对他的心腹杨柸、牟成说："石韬太不像话了，胆敢这样对抗我，你们如果能杀掉石韬，我即位后马上把石韬的国土分封给你们。你们杀石韬，不要露出马脚，主上听说他死了，必然去临丧，那时我们乘机行事，何愁不马上得到天下？"杨柸等看到有利可图，就答应了。

当天晚上，石韬心情郁闷，喝醉了酒，在佛精舍中过夜。杨柸、牟皮、牟成、赵生等几个石宣的心腹用猕猴梯①爬进墙去，杀死了石韬，并把他的眼睛戳烂、肚子戳破，弄得血肉模糊，惨不忍睹。第二天早晨上朝，石宣第一个去报告。石虎听说自己最心爱的儿子惨死，惊得昏倒在地，半天才缓过气来。他想亲自临丧，被别人劝住了，于是派石宣去临丧。石宣到了丧所，不但不哭，反而还掀开被子，慢慢欣赏血肉狼藉的尸体，然后满意地呵呵大笑着离去。

① 猕猴梯：一种极灵巧、轻便的爬墙软梯。

石虎早知道石宣、石韬兄弟不和，怀疑是石宣下的毒手。他设计召石宣进宫，想弄个水落石出。他假说杜皇后哀伤太过，已濒临死亡。石宣没有想到自己已受到怀疑，便大模大样地去朝见母后，并住在了那里。与此同时，一个叫史科的人前来向石虎告密，说：“石韬死的那天晚上，我正好住在杨柸家，杨柸夜里与5个人从外边回来，互相庆贺说：‘现在大事已经干完，但愿天王也早日归天，我们好早享荣华富贵。’我听到这种大逆不道的话，吓坏了。我想，如果不赶紧逃跑，自己也成罪人了。我刚逃到墙边，听到杨柸等到处找我，口口声声一定要捉住我杀掉，否则要坏大事。我拼命翻出墙外，才逃得性命。我猜想他们不杀死我决不罢休，只好直接向天王报告，求天王做主。”石虎听了史科的报告，大怒，马上派人捉拿凶犯，只拿到杨柸、牟皮、赵生。半路上又逃掉了杨柸、牟皮二人，只剩下赵生。赵生胆子比较小，一五一十交代了事情的始末。

石虎证实了爱子是被太子石宣杀死的，恨得咬牙切齿，立刻派人从皇后宫中把石宣捉来，关进席库，剥了衣服，反绑起来，用铁环穿透他的下巴，像牲口一样锁在库中铁柱上。他又命人抬来一个大木槽，把残汤剩饭倒进槽里，让石宣饿了渴了就像牲口一样去舔着吃、舔着喝。他命手下不分白天黑夜地用鞭子抽打石宣，抽得他像狼一样地哀嚎。这种嚎声特别凄惨，夜深人静时，更令人毛骨悚然。

开始，石虎亲自指挥折磨石宣，后来，他累了，被抬回寝宫。手下捧上在石韬被杀现场搜到的弓箭，石虎拿在手里，越看越伤心，不禁用舌头舔上边的血迹，一边舔，一边哀哭。那种撕心裂肺的哭声，和席库传来的嚎叫声此起彼落，闹得宫中大小人等心惊胆战，仿佛听到了阴间的鬼哭狼嚎。

几天之后，后赵都城邺城北面积起了一个高高的柴堆，柴堆上立着一个大柱子，柱顶安装了辘轳。这是石虎亲自设计的处死太子的刑具。刑具准备好之后，石虎带领自己的昭仪[①]以下数千人登上邺城内高台，观看行刑。他指挥人把石宣用梯子拉上柴堆，派石韬的两个亲信拔光他的头发，割断他的舌头，砍去他的手脚，挖去他的眼睛，剖开肚腹，弄得像石韬死时一样血肉狼藉。最后，他命人用绳拴住石宣的下巴，用辘轳吊到柱子顶端，四面放火，烧掉了这个血肉模糊的东西。石虎看到石宣被残酷地烧死后，还不解心头之恨，又命令把尸体烧成的灰分撒在各十字路口，让万人践踏，任随风吹扬。随后，又派人把石宣的妻子、随从、亲信、宦官300多人全部车裂肢解后丢到漳河里。这样还不解气，

① 昭仪：妃嫔的称号，原为妃嫔的第一级，后地位下降。

又命人把东宫拆毁，改成养猪养牛的场所，方才罢休。

之后，石虎自己也得了一场大病。第二年夏天，这个凶暴的君王也一命呜呼了。石虎死后，他剩下的几个儿子又争夺皇位，自相鱼肉。不久，石虎的养孙——与石虎年轻时一样骁勇善战的冉闵灭了后赵，他把石虎诸子诸孙全部杀尽，逃到东晋的也被东晋朝廷斩于建康。据史书记载，石虎共 13 个儿子，其中 8 个自相残杀而死，5 个被冉闵杀死。

后赵灭亡不久，前燕君主慕容俊曾做梦，梦见石虎咬他的胳膊，醒来后觉得不是好兆头。他便派人挖开石虎的坟墓，砍开棺木，拽出尸体，边踢边骂说：“你这个死胡，胆敢来咬活天子！”他命令手下历数石虎残暴之罪，鞭打已经腐烂的尸体，最后把尸骨扔到漳河里冲走了。石虎死后也没有得到好下场。

暴虐昏残的独眼皇帝

石虎父子之后，北方宫廷中又出现了一位暴虐昏残的君主，即前秦的独眼皇帝苻生。

苻生的祖父苻洪是氐族的一个酋长，西晋末大乱时率众人起义，曾经归附后赵石虎和东晋政权，后来势力强大起来，他的儿子苻健建国称帝，据有了关中。

苻生是苻健的第三个儿子，生下来就瞎了一只眼睛。世上的事情常常是千奇百怪的，苻生的哥哥姐姐都很懂事，很能干，唯独他生性乖僻，残忍而且无赖。他自己生理上有缺陷，便痛恨一切健全的人。他常常别出心裁地搞出一些花样来虐待身边的侍者，看着他们绝望痛苦地挣扎、哀叫，便眯起独眼来冷笑，仿佛精神上得到了极大满足。按今天的医学术语说，苻生大约患有虐待狂。但他的虐待狂又与别人不同，他发起狂来是连自己的身体也要残害的。

苻生小时候，有一次混闹，被父亲苻健打了一巴掌，在那里怨恨地哭。正好祖父苻洪走过来，看见孙子扭着脸在哭，儿子站在一边生气，想开个玩笑缓和气氛。他笑着问苻生的侍者说："听说这瞎小子哭起来只流一道眼泪，是这么回事吗？"侍者说："是这样。"苻生一听大怒，拔出身上的佩刀就向已瞎了的那只眼刺去，立刻，一道殷红的鲜血顺着脸颊流了下来。他扔掉佩刀，恶狠狠地对祖父说："看见了吗？这边也有一道眼泪！"苻洪大吃一惊，想不到这孩子如此性情暴躁而又无赖。他命令侍者用鞭子狠狠地抽苻生，打算借此教训教训他。想不到苻生是个不怕硬的人，越抽他心里越恨，大声说："老子喜欢痛快的，干脆你们用刀捅死我，别拿鞭子来烦人！"苻洪说："你再嘴硬，我罚你去做奴隶！"苻生冷笑说："好啊！我将是第二个石勒！"石勒曾做过奴隶，养成了他的反抗性和残忍性，石勒的继承人石虎等又以残杀败国败家，所以，十六国时各政权都把石氏父子引以为戒。苻生说出这话来，无疑在诅咒自己家也会走石勒的老路。苻洪听到这种话，吓得赶紧跑过去，捂住苻生的嘴，一边对苻健说："这孩子太没有人性，应该早早除掉，不然，长大一定会毁了全家。"苻健也早就气得七窍生烟，因为怕惹父亲生气，一直没有说话，现在听到苻洪吩咐，马上抽出剑来就砍，但被身旁的弟弟苻雄拦住了。苻雄说："孩子太小，不懂事，长大了自然会改。"这样，苻生的命才保留了下来。

几年后，苻生长成了大人，膀大腰圆，十分魁梧，苻洪、苻健亲自教他武艺。苻生力气很大，雄勇好战，可以徒手与猛兽格斗，徒步跑能追上奔马。他骑马射箭，舞刀弄枪，当时竟没有遇上对手。

苻健的太子原是长子苻苌，但苻苌在一次战争中被射死了。按说，应该再立次子为太子，但那时流传着一个谶言，说有个独眼的人要做皇帝。当时人迷信谶言，因此，独眼苻生被立为太子。苻健死后，苻生当了皇帝，他尊母亲强氏为皇太后，立妻子梁氏为皇后。

苻生即位后不久，就胡作非为起来，前秦政纲开始紊乱。由于苻生残虐，朝内外人人惧怕，不敢直言相劝。

一次，中书令①王鱼想用天象来劝告苻生。王鱼和他谈起天文，说："臣昨天观察天象，不出三年，国家将有大丧（皇帝一级的丧事），大臣也将被杀死。陛下只有行仁义、修德化，才可以免除灾难。"想不到苻生冷笑说："皇后和我同等级别，死了亦可称大丧；毛太傅②、梁车骑③、梁仆射④受先王之命辅佐我，亦可称为

① 中书令：掌管机要、发布政令的机构的长官。

② 太傅：辅导太子的官，级别很高。

③ 车骑：即车骑将军。

④ 仆射：射，音 yè，仆射在东汉时为佐助尚书令的长官，到末年分左右。魏晋后职能同于宰相。

大臣。”他马上下诏逼梁皇后自尽，又杀了太傅毛贵、车骑将军梁楞、仆射梁安。几天后，又杀了侍中、丞相雷弱儿及其 9 个儿子、27 个孙子。这几道旨意，吓得王鱼目瞪口呆，大臣们人人提心吊胆，唯恐明天就有灾祸降到自己头上。

苻生为苻健服丧还未到期，就违反了居丧的规定，饮酒游玩，淫虐无度。一次，苻生在太极前殿大宴群臣，酒席筵上，苻生命令乐队奏乐，他自己唱歌。他忽然想起人喝醉了很好玩，就命令尚书令辛牢劝酒。辛牢知道苻生的脾气，稍有违抗便要杀人，只好尽力劝众人多喝。大家也知道苻生的脾气，也拼命多喝。一会儿，席间就醉倒了一半。苻生见了呵呵大笑，但马上又发作说：“辛尚书，为什么不强迫喝？怎么还有没醉的？”说着，他拿过一副弓箭，引满弓射去，辛牢猝不及防，扑倒在地而死。苻生又搭上一支箭，恶狠狠地看着未醉的人，准备看谁不醉就射谁，吓得大臣们面色惨白，赶紧多喝快醉，一会儿，全都东倒西歪了。吐的、喊的、翻白眼的、乱折腾的、蓬头散发的，瘫满了一殿。苻生这才扔下弓箭，哈哈大笑起来。

此后，苻生常常拉满弓弦或手握利剑召见朝臣，他的御座旁边，除兵器外，还摆满了锤子、钳子、锯子、凿子，锤子用来锤人头，钳子用来夹人手，锯子锯四肢，凿子凿人眼。他只要看着谁不顺眼，就拉来残害；如果天象有变，就杀人来消灾。

有一次，苻生竟然用这些凶器杀死了自己的舅舅。

苻生的舅舅是强太后的弟弟强平，官居左光禄大夫，是个耿直的人。他看着苻生肆行无道，想劝又不敢劝。一回，正好长安城中刮龙卷风，树木被连根拔起，屋上的瓦也被掀起来，落得满地都是，砸死许多人。路上行人从未见过这种怪风，吓得趴在地上不敢动弹。宫中也发生了骚乱，以讹传讹，都说有贼。宫中守卫害怕起来，大白天关上宫门，5 天后才恢复了正常。

苻生听说宫中骚乱后大怒。他层层追究，查出了第一个声称有贼的人，马上杀掉，并当众剖开肚腹，取出心来剁碎。强平实在看不过去了，说："这个人固然该杀，但这种季节昏风大起，究竟不是好兆头，想来总是陛下过于严厉，上天才警示呢！陛下只有修身养性，才能得到上苍的保佑。"苻生一听，句句在谴责自己，登时火冒三丈，认为强平妖言惑众。他抄起手边的凿子，命武士把强平绑到面前，亲自用凿子凿开了他的脑顶骨。可怜强平贵为国舅，竟然死于非命。

消息传进后宫，强太后听说弟弟被自己的儿子活活凿死，大叫一声，昏死过去。被宫人救醒后，又想到不久前被无辜杀死的儿媳和大臣，她万分悔恨，认为全是自己管教不严，害死了自己的亲骨肉，再想到苻生今后不知还会做出什么残虐不道的事情，越想越愤怨，最终含恨而死。

强太后死后，苻生越发肆无忌惮。有一次，他骑马到阿房城①去游玩，路上碰到一男一女。捉来一问，原来是哥哥送妹妹回婆家。苻生眼珠一转，坏水涌上心来，他说一男一女便可结为夫妻，硬让他们结为夫妻。哥哥怒而不从，妹妹哭哭啼啼，惹得苻生性起，一剑把兄妹二人都劈为两段。又有一次，他在咸阳故城举行宴会，一时高兴了想杀人，但找不到借口，就宣布凡迟到者皆杀。登时宴会变成了刑场，一时间天昏地暗，人人神情黯然。又有一次，苻生让太医令程延配制安胎药，他在旁边闲看，一边看一边询问人参的好坏，各种药物的剂量。程延一一作了回答，并解释说："药量多少视情况而定，有时少一两样也不碍事，可以用别的药补配。"想不到说者无意，听者有心，苻生认为程延说的少一两样是在讽刺他的独眼，于是大怒。他马上命人把程延捆起来，亲自用凿子把他的双眼凿出来，然后一刀一刀割碎了才解气。

这之后，人人唯恐多事被杀，不但不敢进谏，连话都不敢说了。苻生也越发得意忘形，恣意纵酒不分昼

① 阿房城：即秦时阿房宫城，在今西安市西。

夜。初一、十五应上朝的日子，他不按时来朝，有时群臣要整整等候一天，晚上才能朝见。朝见时说怒就怒，一次不杀人就不痛快。

有时，苻生让左右随从评论自己，评语稍稍不适意也要杀人。比如，有的为讨他高兴，说："陛下真是三皇再生，五帝复出，天下颂扬。"苻生听了大怒，说是故意取媚自己，马上让人杀掉。别人一看，只好比较折中地说："陛下虽然圣明，但过于严厉了一些。"苻生照样大怒，认为在诽谤自己，马上也给杀死。这样，一次评论就要杀掉几个人。他对妻妾也不例外，小不如意，就随手杀死，然后把尸体扔到渭河里漂走。虐待狂发作时，甚至在朝堂上命人牵来牛羊驴马，活着剥皮，欣赏它们的哀鸣取乐；或者捉来鸡猪鹅，用小火把它们身上的毛烤焦，然后放在殿上，让它们乱跑乱钻，看着取乐；或者提出死囚来，剥去面皮，强迫他们歌舞。凡此种种，令人惊心惨目。不管是宗室、勋旧、亲戚，谁也不敢劝说半句，稍有不慎，就惨遭杀害。于是百官纷纷托病辞职，如果获准，马上欢天喜地地带领家人还乡，庆幸逃出了虎口。宫中的宫人及侍者没有离开的条件，只好听天由命，随时准备当苻生的牺牲品。苻生因为独眼，忌讳特别多，如不足、不具、少、无、缺、伤、残、毁、偏、只等词都是第一忌讳的。只要不小心露出一个字，脑袋马上搬家。砍头还是最仁慈的，如果苻生眯起独眼冷笑，则死者不是被截去脚胫、剖破肚肠、拉断四肢，就是被锯断脖项。这样惨死的人何止数千！

苻生这样残虐无道，天下人对他无不恨之入骨。然而，世上的人往往在灾祸未曾临到自己头上时，存有侥幸心理，而临到自己头上时，又为时过晚了。因此，苻生虽然被天下人痛恨，仍然横行了两年。但世界上的恶人恶事总有报应的一天，敢于铤而走险的人也总是有的。曾经救过苻生一命的苻雄的儿子、苻生的堂弟苻法、苻坚就是两个勇敢的人。他们早就对苻生的所作所为不满了，但碍于兄弟、君臣的名分，一直隐忍不言。现在天怒民怨，他们知道再不采取措施，有朝一日，不是自己惨遭毒手，就是人民起义推翻苻氏政权，到那时会弄成玉石俱焚。于是，他们暗暗买通了苻生身边侍婢，准备见机行事。

苻法、苻坚的行动引起了苻生的怀疑。一天，他恶狠狠地对侍婢说："阿法兄弟也不可信，明天我一定除掉他们！"恰巧这个侍婢是苻法买通的内线，她偷偷把消息报告了苻法。于是苻法下了决心，和弟弟苻坚率领几百人冲入皇宫去废除昏君苻生。宿卫将士看见有人造反，又见是苻法、苻坚这两个最有地位、最有威信的人，不觉喜从天降。他们纷纷离开岗位，投向苻坚。这时苻生还昏睡未醒，被苻法兄弟从床上拉下来捆绑住，囚禁到别的宫殿。第二天，苻生被废为越王，然后又被赐死。

苻生临死时，知道自己恶贯满盈，必死无疑，他要求一醉而死。苻法兄弟满足了他的要求，给了他几斗美酒，苻生一饮而尽，然后眯起独眼，嚎叫数声，昏然倒地，被武士们一拥而上，斫（zhuó）为肉酱了。

风流皇帝和他的悲凉结局

学过中国古代史的人都知道东晋十六国时有名的战役——淝水之战，知道“投鞭断流”“草木皆兵”“风声鹤唳”的典故，知道在这场大战中那个一败涂地的氐人皇帝苻坚。连环画上的苻坚，是个身穿羊皮袍、头戴豹皮帽、圆头大脸的藩王形象，一副野蛮、未开化的样子。其实，这是受了传统的大汉族主义思想的影响，是对苻坚这个历史人物的丑化。魏晋南北朝时期北方少数民族君主很多都是汉化了的，其中苻坚的汉化程度尤深。他是一个风流儒雅的人，不逊于当时的汉人君主；论起他的功绩，就是与汉武帝、唐玄宗比较起来，也不落下风。

然而，这样一个风云人物在淝水战败了。尔后，这个英雄一世的圣明皇帝被追得东奔西逃，最后被勒死于佛寺之中。而这个追得他东奔西逃的，不是别人，正是当年他最宠爱的人；勒死他的，也是当年他最信任的部下。

苻坚是氐族人。氐人接触汉文化多些，比羯族进步些，但仍残留不少原始社会的观念和习俗。比如苻坚的出生和成长，就伴随着一系列的传闻：传说苻坚在母亲腹中12个月才生下来。出生时，后背有赤色的纹路，隐隐约约组成了“艸付臣又土王咸阳”8个字。这8个字的意思，很明显是说苻坚将要在咸阳做王。婴儿时的苻坚胳膊很长，长过膝盖；两眼炯炯有神，发出紫色的目光。这些异常现象，在迷信天命、喜好谶言的古代，被说成大贵之相。

苻坚家本不姓苻而姓蒲，改蒲为苻的原因，就是苻坚背后的赤字。苻坚的祖父蒲洪，原是氐人部落酋长，西晋大乱后，做过前赵、后赵的大将，是个本领高强、众望所归的人物，早就有心割据一方。他看到孙子背后的赤文，觉得可以就此大作文章：因为“艸付”可以组成“苻”字，“臣又土”可以组成“堅”（坚）字，于是，他命令全家改姓苻，给孙子起名苻坚。这样一来，暗示着苻家受天命，将来必定称王称帝。当然，这孩子出生时外人不可能进产房，孩子背上是否有过文字，只有天晓得。不难想象，这一系列异常现象，都是苻坚的祖父、父亲们为了制造舆论而苦心编造出来的。

苻坚小时非常乖巧可爱。他聪明慷慨，举止合宜，最得苻洪的喜爱，苻洪给他起了个小名，叫作“坚头”。因为长期与汉人接触，苻坚羡慕汉人的儒雅好学，而不喜欢氐人的粗鲁浅薄。8 岁时，他要求苻洪给他请先生教书，苻洪心里非常高兴，对孙子说："咱们胡人，祖祖辈辈只知道喝酒，想不到出了你这个小东西，还想念书干大事业呢！有出息！"他马上派人请来教书先生，教苻坚和其他孩子念书，学习汉人的礼仪制度。苻坚的兄弟们、族兄弟们都很好学，谦恭识礼，具备汉人士君子的气质，完全没有氐人那种剽悍凶蛮的作风。

苻坚长大后，与哥哥苻法成为苻家最有作为的两个年轻人。他们的父亲早死，由于母亲教育有方，从小就通晓世事，通情达理，很得族人的爱戴。苻生昏虐无道，后来众人帮助苻氏兄弟废了苻生，一致推奉苻坚为主。

苻坚即位后，立即施行自己的政治抱负。他学习历史上贤明的帝王，招纳贤才，整顿纲纪，把前秦治理成文化昌盛、经济繁荣、军事力量强大的国家。

苻坚是个讲究用人的君主。他任用了当时最有才能的汉人政治家、军事家王猛为宰相。在王猛的辅佐下，灭前燕，俘前燕主慕容暐（wěi）；灭前凉，俘前凉主张天锡；灭代国，俘代王涉翼犍，统一了整个北方。苻坚对这些亡国的君主采取了史无前例的宽容态度。他不但不杀掉他们，反而给他们盖了漂亮的府第，封他们做大官；没有文化的送入太学学习，当作贵宾招待；出征时，还让他们带领原部人马，担当重要任务。在中国古代史上，对亡国君主如此优待信任、给予实职实权并且是重职重权的，可能除苻坚外没有第二个人了。但苻坚又是个极天真的君主，他认为自己行的是王道，可以感化世上一切人，甚至敌国君主。他觉得，敌国的君主能为自己所用，更显出自己的伟大与仁慈，于是把这些亡国之君安排在都城做朝廷大官，而把一些本族的官员派到各地去戍守。对这种安排，当时许多有识之士都强烈反对，而且后来事实证明苻坚这种天真、可爱的豁达大度埋下了无穷后患。

苻坚年轻时，母亲苟氏给他娶了苟家的女子做妻子，苻坚即位时封为皇后。苟皇后很贤惠，只知道当个温顺的妻子，对其他事不大过问。苻坚志在富国强兵，对女色还未留意。统一北方后，他讲究起后宫生活来，见到美丽的女子，就收进后宫，纳为自己的姬妾。

灭掉前燕时，苻坚派苻姓族人和亲戚去镇守燕地，把前燕宗室贵族全部迁到长安及其附近居住，并亲自接见了前燕宗室人员。前燕是鲜卑慕容部建立的国家，慕容部人身材颀长，皮肤白皙，称为白部鲜卑，接近白色人种，生得秀美。早在西晋时，汉人士族就经常买慕容部的青年妇女做婢妾。苻坚看到前燕降君慕容暐的身后站着一对少男少女，亭亭玉立，一团秀气，虽然满脸戚容，越发使人醉心。原来那是慕容暐的妹妹清河公主和弟弟慕容冲，一个 14 岁，一个 12 岁。苻坚从来没有见过这么令人爱怜的孩子，他对清河公主一见钟情，就对慕容暐说，自己后宫缺人，非常想留下清河公主做伴儿，如果清河公主害怕寂寞，可以让慕容冲陪伴姐姐入宫。慕容暐已经亡国亡家了，听到苻坚喜欢自己的妹妹，一方面不敢不从，另一方面也想到妹妹入宫，将来对自己也有好处，就同意了。

清河公主举止娴雅，性情温和，加上容貌美丽，不久就得到苻坚的专宠。慕容冲虽然年纪尚轻，但长得颇具魅力。苻坚天天和他见面，看着他一天比一天长大、漂亮起来，又动了爱慕之心，慢慢地也把他据为己有，同起同卧，如同夫妻一般。从此，苻坚心里只有清河公主和慕容冲，对其他宫人嫔妃再也不屑一顾了，每日的上朝也渐渐懈怠起来。

尽管宫禁森严，但没有不透风的墙。不久，长安城里传出歌谣来："一雌复一雄，双飞入紫宫。"一时传得尽人皆知。帝王专宠妃子，已经不是好名声，再宠爱男妃，名声就更败坏了。当时王猛还没有死，听说后，马上要求接见。他苦苦劝说，陈述厉害，苻坚不得已，才把慕容冲迁出宫外。他在阿房城种了几万株梧桐、修竹，安顿慕容冲居住，自己则常常偷偷地前往相会。

时光流传，终于，慕容冲长大成人了。如果说，他原来只是年幼不懂事，则现在知道了国仇家恨，萌生了一个男子汉应有的自尊心。他对苻坚的柔情蜜意及送来的珍宝玩物开始厌恶起来，时刻盼望着有朝一日燕国光复，重新做他的燕国亲王。

建元十九年（383 年），苻坚不顾群臣及亲属的反对，出兵淝水，大败而归。不久，前燕降将慕容垂、慕容泓各自起兵叛秦，重新打起大燕旗号。当时，慕容暐在长安，苻坚把他叫来，狠狠地训斥了一顿，责备慕容氏背信弃义，没有良心。慕容暐只是听着，不发一言，继而流出眼泪，最后终于放声大哭，伏地不起了。苻坚是个心软的人，看见慕容暐大哭，不觉怒气全消，他以为慕容暐确实不知情，就没有杀他。

其实，对慕容垂、慕容泓的叛秦，慕容暐心里非常高兴，自从亡国入秦以来，他时刻盼望着这一天的到来。他痛恨自己断送了祖宗江山，常常在深夜时痛哭失声，不能入寐。现在，终于有人重整大燕旗鼓了！他不顾长安城中慕容宗室子弟被杀的危险，秘密派人通知弟弟慕容泓说："我没有保住宗庙，是慕容家的罪人。你们不要考虑我的安危，要竭尽全力去恢复大燕旧业。哪天我的死讯传到，你就马上登基称帝！"慕容泓看到哥哥的信，万分激动，立刻派人联系在各地任职的慕容宗室子弟，对前秦发起进攻。

当时，慕容冲任平阳太守，在河东起兵响应。不久，慕容泓因过于严苛，被部下杀死，慕容冲被众人拥立为主，号称皇太弟，兵锋直指关中。慕容冲英勇善战，所向披靡，不久，就占据了老地方阿房城，进逼长安城下。

苻坚听说慕容冲进逼长安，开始时还不相信，及至登城一望，黑森森全是鲜卑军士，为首华盖之下，一个美男子戎装而立。苻坚认得是当年自己朝夕相处的爱卿，不觉叹道："这奴才是从哪里钻出来的，竟然如此兵强马壮了？"他想起从前与慕容冲的种种柔情蜜意，不觉又悔又恨，大声呵斥说："你们这群奴才只配放牛羊，何苦到这儿来送死！"慕容冲冷笑道："以前确实是奴才，正因为现在不想再当奴才了，才来要和你换一下！"苻坚忍住气，还想化干戈为玉帛，他派人捧着一领锦袍送到慕容冲阵前，转达他的意思："古来交兵，不断使节。你远来辛苦，行装仓促，送上锦袍一领，表明我的心意。想当初我待你恩分不薄，怎么今天翻脸不认人了？"慕容冲也派人到城下回答："皇太弟有令：孤如今心怀天下之志，哪能顾及你一领袍子的小意思，如果你懂得好歹，就赶紧自己绑来见我，我会宽大你们，像你当初宽大我们一样！凭什么单单让你有宽容的好名声，而不让我们也享受一下呢!”苻坚听了大怒，后悔当年没有听从王猛的劝告，以致养成大患。

不久，慕容冲自己称帝号于阿房城。因为记恨苻坚，他越战越狠，并迁怒于长安百姓，最后，他攻下长安，纵兵大掠，发泄了十几年积郁的恶气。

苻坚兵败后出逃，被以往他最信任的叛将姚苌所执，因为不同意让天下给姚苌，被缢死于新平佛寺中，死年 48 岁。这个英雄一世的氐人君主、风流千古的贤明皇帝，就这样败死在自己当年宠爱的人手里。

燕宫里的薄幸君王

帝王婚姻一般是由政治因素决定的，因此，帝后生活中很少有忠贞的爱情可言，尤其帝王对待后妃，今天因政治需要，可以娶来做妻子，明天不需要了，又可以随便废除、杀掉，哪怕曾经帮助过自己，是自己的恩人，也可以毫不顾惜。人们习惯上把男子对女子负恩叫作薄幸，下面就来讲讲后燕宫廷里的两位薄幸君王。

后燕慕容盛是慕容宝的庶长子，慕容垂的孙子。他的少年时代，正值前秦末年慕容冲与苻坚相持之时。苻坚痛恨慕容氏负义，大杀慕容子孙，慕容盛逃出长安，投奔了慕容冲。慕容冲败亡后，他和叔父、弟弟一起逃回燕国旧地，投奔祖父——后燕开国君主慕容垂。

慕容盛是个有胆有识、聪明能干的年轻人。他骁勇刚毅，而且很有谋略。慕容垂非常喜欢他，给他娶了自己的老舅兰汗的女儿做妻子。从辈分上讲，兰氏比慕容盛大两辈，但少数民族不太讲究辈分。兰氏是个美丽的女子，很贤惠，懂得礼节。慕容盛从小由伯母丁氏抚养长大，所以，他一直尊丁氏为母亲。兰氏嫁来后，也把丁氏当作亲婆母一样侍奉，兰氏与慕容盛、丁氏之间的感情非常融洽。

慕容垂去世后，慕容盛的父亲慕容宝在龙城（今辽宁朝阳）登了帝位。慕容宝是个才能平庸、举动轻妄的君主，各种关系、各种事情处理得都不大好。他即位不久，不顾臣下的劝阻，一意孤行，亲自带领太子慕容策及文武百官出师征讨北魏，留下慕容盛与兰汗统管留后事宜。燕国士兵长年征战，已经筋疲力尽，不愿再去卖命。征途上，他们发动了叛乱，追得慕容宝狼狈不堪。慕容盛听到父亲有难，带领军队出城迎接，想不到兰汗与作乱军队私下勾通，准备在城中设下埋伏，乘慕容宝进城后杀掉他，扶立新君，由自己执掌国政，等待时机成熟，再由自己登基称帝。

对兰汗的野心，慕容盛早有觉察，他与岳父相处久了，深知岳父的为人。他料到现在京城里一切大权掌握在兰汗手里，自己与父亲回去，是很危险的。他劝慕容宝说："原来我们为主，现在兰汗为主，兰汗是否忠心于陛下，儿臣不敢肯定。现在我们单骑而还，如果兰汗有二心，后悔就晚了！"慕容宝瞪起眼睛："兰汗是我的舅舅，又是你的岳父，难道会有二心？"慕容盛没有办法，只得陪同父亲回到龙城。果然，慕容宝先到一步，被兰汗派人杀了，太子慕容策及王公卿士 100 多人也被同时杀死。

慕容盛听说父亲被杀，悲痛欲绝，准备驰入龙城报仇。谋士们慌忙拦住他，劝道："兰汗六亲不认，这一去只能白白送死。"慕容盛想了想说："现在我已无他计可施，只好假意投归龙城。夫人、岳母待我一直很好，必然不会看着我被杀。兰汗愚蠢浅薄，也会念及婚姻，不忍杀我。只要他容我十天半个月的时间，就足够我报仇雪恨的了。"说罢挥鞭策马，仅带几个亲信随从奔进龙城去了。

兰汗的妻子乙氏与女儿兰氏都是善良而重感情的人。慕容宝父子被杀时，她们就大吃一惊，但又不敢责备兰汗什么，只是心里悲戚，脸上失去了笑容。兰氏想到丈夫吉凶未卜，更觉得凄惶不安。她本来待丁氏就很好，这时，越发把思念丈夫的一片心用来孝敬婆母。丁氏挂念慕容盛，整日啼哭，多亏了兰氏百般劝慰，才没有病倒。

慕容盛回到龙城奔丧的消息传来，兰汗惊呆了。他没有想到女婿会有如此胆量，他本以为女婿会从此逃亡不归了呢。不容迟疑，兰汗马上派人去把慕容盛带来看管好。

乙氏和兰氏原也以为慕容盛不会回来了，听到这个消息后，一时又忧又喜。忧的是回来就有被杀的危险，喜的则是自己又有骨肉团聚的希望了。兰氏匆匆忙忙跑回娘家，看到母亲已经在那里苦苦哀求兰汗了。兰汗心肠狠毒，他的哥哥兰提、弟弟兰难及侄子兰全、儿子兰穆等比他更凶狠。他们对兰汗说："斩草不除根必有后患。慕容盛不会忘记杀父之仇的，只要他一得志，决不会宽容我们！"兰氏听到这些话，慌忙跪下，不住地给父亲、伯叔及兄弟们叩头，求他们看在自己面上饶了慕容盛。她痛哭流涕，几个人劝都劝不起来。最后，兰汗终于动了恻隐之心，不顾兰提等的反对，把女婿放了，并给他封了官职，相待如初。

兰汗的兄弟兰提、兰难等都是骄狠荒淫，不懂礼法的人，常常给兰汗难堪，搞得他下不来台。慕容盛利用这个缺口，挑拨离间，不久，就鼓动兰汗杀了兰提。兰提一死，其他兄弟侄儿们莫不害怕，一时纷纷背叛，搞得兰汗伤透了脑筋。

兰汗的儿子兰穆是唯一有头脑的人，看出了慕容盛的用心。一天，他悄悄向父亲说："慕容盛是咱家的仇人，现在的不利局面都是他暗中挑拨造成的，这种人不杀，必留后患！"一句话说得兰汗疑疑惑惑，他不敢断定女婿会有这种用心，但又不能不信儿子的话，于是他把女儿叫来，发了一通脾气，命令她回去监视丈夫。

兰氏很爱丈夫，最关心丈夫的安危，回到家中，她就透露了丈夫已经受到怀疑的消息，并嘱咐慕容盛言行千万谨慎。慕容盛非常聪明，一点就破，自然百倍警惕。从此，慕容盛假装生病，不再出门，兰汗派人监视了一段时间，没得到任何证据，也就将此事放下了。

在慕容盛的策划下，他的部下有几个人投在兰穆麾下，兰穆待他们如同心腹。不久，这些人借一次庆功宴的机会，杀了兰穆和兰汗，拥戴慕容盛为君。

兰氏没有想到父亲会被自己的丈夫杀死。她虽然对父亲的一些做法不满，但仍敬爱父亲。她希望父亲、丈夫和好，从来不希望一个杀死另一个。兰氏听到父亲的死讯，马上昏了过去。慕容盛报了杀父之恨，几个月来的怨气才稍稍平息，但这个薄情的人，竟忘了妻子对他的两次救命之恩。他提刀杀尽了兰家的人，最后气势汹汹闯回家里，竟然来杀兰氏。丁氏正在房中抢救儿媳，看见慕容盛提刀进来要杀妻子，一时气坏了。她大骂慕容盛是负恩小人，口口声声让他先杀掉自己，再去杀兰氏。接着，她一边哭一边数说儿媳的种种好处。慕容盛羞愧难当，跪着听母亲训斥了一顿，悻悻地走了。

在丁氏的救护下，兰氏渐渐地苏醒过来，但是她不能忘记父亲的被杀自己有责任。她永远不能原谅自己的过失，永远是一副负罪的神情。由于内心极度痛苦，她形容枯槁，20出头的美貌女郎一下子变得像40多岁的老太婆了。

几个月后，慕容盛登基做了皇帝，尊丁氏为太后，丁氏希望他不要忘记兰氏的大恩，一定要册立她为皇后，但慕容盛最终没有册立兰氏。

慕容盛是个短命皇帝，仅在位 3 年，29 岁就死于卫士之手。

慕容盛死时，儿子慕容定刚刚几岁，皇太后丁氏认为国家多难，应该立个年长的亲王为君。群臣认为慕容盛的弟弟慕容元德才兼备，而且 20 多岁，已经成年，可立为君。但丁氏不同意，她固执己见，一定要立慕容盛的叔叔慕容熙为君。

丁氏为什么一定要立慕容熙为君？说起来话就长了。

慕容熙是丁太后的亲小叔子，当时只有 17 岁，他的父亲慕容垂死时，他只有 11 岁，与侄儿慕容盛一起依嫂嫂丁氏为生。慕容盛经常领兵在外，所以，家中只有他与丁氏一起生活。

丁氏是个善良、美丽而且多情的女子，比慕容熙大十几岁。她看着慕容熙一天天长大，对慕容熙的感情是很深的。慕容熙长大后雄果英武，气概不凡，但生活作风上轻浮浪荡，专喜欢寻欢作乐。就在他初谙世事的时候，与嫂嫂丁氏发生了不正当关系。这对慕容熙来说，是为了满足自己的性欲，而丁氏十几年守寡，与慕容熙相依为命，对他的感情是双重的，既像母亲，又像妻子。她把全部心思放在慕容熙身上，觉得离开他就失去了生存的意义。

正因为如此，慕容盛死后，丁氏既不愿立20多岁的侄子，也不愿立几岁的孙子，她宁可放弃太后的尊位（立小叔子则丁氏应降为皇后级别），执意要立小叔子慕容熙为帝。

丁氏知道大臣们一定不同意自己的做法，就来了个先下手为强。她废掉了太子慕容定，秘密把慕容熙迎进宫中。第二天，大臣们上朝要商议立慕容元时，才知道情况有变。大臣们都顺风转舵，纷纷上表劝慕容熙即位。慕容熙虚让了一回，然后心安理得地登上了帝位。不久，他借故杀死了慕容元和慕容定。

慕容熙仗着丁氏当上了皇帝，一开始，他对丁氏非常感激，他不大避讳叔嫂之嫌，在宫里公开与丁氏同起同宿。但不久，慕容熙就厌烦了丁氏，他不仅厌恶丁氏已经衰老的容貌，更厌恶她对自己的体贴入微。发展到后来，只要看见丁氏的影子，听到丁氏的声音，就要皱起眉头，甚至怒上心窝。

对慕容熙的无情，丁氏渐渐不能容忍。她责备慕容熙负心，但这种责备只能加深慕容熙的厌烦。后来，丁氏不得不让步了，她不再说什么，也不再要求什么，只要每天能看上慕容熙一眼，就感到心满意足了。

第二年，慕容熙打听到故中山尹苻谟的两个女儿非常美丽，就纳进宫中，姐姐叫娀（sōng）娥，被封为贵人；妹妹叫训英，被封为贵嫔。训英长得比姐姐妖艳，性情也更风流，尤其得到慕容熙的宠爱。

苻氏姐妹年轻好动，喜欢微服出行游玩或打猎，与慕容熙脾气相投。她们想上哪儿就上哪儿，慕容熙从来不加禁止，高兴的时候，还要陪伴同行。有时他们带着几千人马，东游西逛，走到哪儿就骚扰到哪儿，如同一伙强盗，百姓、军士敢怒而不敢言。

苻氏姐妹常有一些奇怪的要求，如夏天要吃冻鱼脍，冬天要吃生地黄，食欲上来时，吩咐有关部门立刻拿来，否则就要杀人。慕容熙喜欢这种撒娇撒泼的性情，她们越不讲理，对她们就越加疼爱。

慕容熙自从有了苻氏姐妹，把丁氏完全放在脑后了。苻氏姐妹也不把丁氏放在眼里，不把她当嫂子看待，有时背后骂她、唾她，当面用白眼瞪她。对苻氏姐妹的无礼，丁氏开始假装不知，后来越思越想，想到自己费尽心机只落得如此下场，不由恨得咬牙切齿。她的精神渐渐受了刺激，一天到晚念念叨叨，诅咒3人马上就死。看到诅咒无用，她又找来侄儿丁信，商议如何废掉慕容熙，另立别人。

消息很快传到苻氏姐妹耳中，她们趁一次宴会的机会，告诉了慕容熙。慕容熙一听大怒，立刻推开苻氏姐妹，手提宝剑去找丁氏算账。见到丁氏，慕容熙的酒醒了些，想起当年丁氏母亲般地爱他，抚养他，不觉犹豫起来，转身准备走开。而丁氏看到慕容熙来了，满腔的怨怒又化为爱怜，她拉住慕容熙，苦苦哀求重归于好，最后跪下来，抱住慕容熙的腿，鼻涕一把、眼泪一把地哭个没完。这一下，又激起了慕容熙的怒火，他喊道："我不能再忍受了，我不杀你，你自己去死吧！"说完挣出腿来，摔掉宝剑，拂袖而去。丁氏哭够了，冷静下来，知道一切都不可挽回了，拾起地上的宝剑，自刎身亡了。

丁氏的死讯传到慕容熙耳中时，他没有一点儿悲伤的意思，马上下令把丁氏的侄子丁信处死了。

当然，这个薄幸君王也没有得到好下场。几年后，苻氏姐妹相继死去。苻训英死时，慕容熙如丧考妣，披散头发，光着脚，步行送葬 20 余里。就在他出城送葬时，城内将士发动了军事政变，随后杀死了这个昏庸的君王。

慕容超佯狂行乞

前面陆续讲了前秦、前燕和后燕的故事，下面再讲讲南燕的故事。

苻坚灭前燕后，尽迁燕国宗室子弟入关中。淝水之战后前秦败亡，慕容垂在燕国旧地建立了后燕。慕容宝时后燕国都被北魏占据，慕容宝逃往龙城。慕容宝北逃龙城时，他的叔父慕容德正镇守邺城。慕容德听从部下的劝告，也打起大燕旗号，自称皇帝，建都广固（今山东青州西北），建立了历史上的南燕。

慕容德建立南燕时，已经65岁了。封建帝王最重要的一件事就是立太子，好使自己的江山后继有人，但慕容德即位时一个儿子也没有。

慕容德本来有好几个儿子。前燕灭亡时，慕容德与母亲、妻子、儿女一起被迁往关中，定居长安。淝水大战时，慕容德随前燕故主慕容暐南下作战，一路上向慕容暐献了许多计策，劝他重兴燕国，但慕容暐都未采纳。慕容德看出慕容暐是个不能成事的庸才，就舍弃慕容暐，追随哥哥慕容垂复兴燕国去了。后来慕容垂自称皇帝建立了后燕。消息传到关中以后，前秦统治者大怒，认为燕人狡诈无恩，背信弃义，一怒之下，下令杀尽慕容子孙，慕容德的几个儿子都死在这次屠杀之中。从此，慕容德成了孤寡老头，后来，他在山东又娶了段氏为妻，但因年事已高，没有再养下儿子。

做了几年皇帝后，慕容德感到继承人问题重大，不考虑是不行的。按封建社会的继承法，无子嗣者首先应从近支中挑选子辈过继；近支没有适当人选的，再从本宗族正支中挑选子辈过继。慕容德有一个同父同母的哥哥，名叫慕容纳。慕容德离开长安时，慕容纳与母亲公孙氏都在长安。他知道天下将乱，曾留下金刀作为他日相会的凭证。前秦灭亡后，中原大乱，被割据成为几个国家，互相间连年征战，音讯不通，慕容德不知道自己的母亲、哥哥是否还活在人间。他派出一个叫杜弘的人去长安寻找母亲、哥哥。杜弘临行前保证说："我这次去长安，如果探听不到太后的消息，就西行到张掖去找，找不到太后我誓不回来！"

杜弘派出后，很长时间不闻音讯，又过了很久，随去的仆人回来哭诉说，杜弘在长安没有找到太后，于是直往张掖，不幸半路上遇见强盗，被强盗杀死了。慕容德听后非常伤心，一边送去许多钱财厚抚杜弘的妻子，一边派人继续前去寻找。

又过了很久，慕容德的一个老部下从长安逃回来，才告诉他母亲、哥哥的情况。

原来，前秦统治者大杀慕容宗室时，慕容纳死于屠杀，但母亲公孙氏因为年纪太大，被赦免了。慕容纳的妻子段氏当时因为怀孕，未被马上处决，关在地方监狱内等待分娩后行刑。恰巧，狱中有个名叫呼延平的小吏，是慕容德的老部下，他曾经犯过死罪，被慕容德赦免。呼延平时时刻刻不忘慕容德的大恩，早想报恩，这次正好遇到机会。他偷偷放了段氏，回家收拾起细软，带着自己全家和公孙氏、段氏逃往羌人居地。不久，段氏生了一个儿子，取名慕容超。

斗转星移，慕容超在羌地长到了 10 岁。这时，公孙氏已奄奄一息了。临死前，她把慕容超叫到面前，告诉了他的身世，说："你是大燕天子的后代，为避杀身之祸逃在这里，有朝一日天下太平了，你能够东归，就带着这把刀去见你叔叔，重新建立我们的大燕国。"说完就咽气了。公孙氏死后，呼延平怕露了马脚，又带着慕容超母子投奔前凉吕光。前凉被后秦灭亡后，又随着凉州人被迁入长安。这时，慕容超已经 18 岁了，长得一表人才。

呼延平因为十几年奔波操劳，到长安不久就去世了。失去了这样一位忠心耿耿的老人，段氏和慕容超悲痛欲绝。段氏哭着对慕容超说："我们母子能活到今天，全靠你呼延叔叔，现在你呼延叔叔虽然去世，我们永远不能忘记他的大恩。他留下一个女儿，孤独无依，我想，你不会嫌弃她的出身卑微，愿意娶她为妻吧？"

魏晋南北朝时的社会习俗，非常讲究门当户对，宗室子弟绝不会与一般家庭出身的女子结亲的。但慕容超是个有良心的人，为报大恩，他舍弃生命都在所不惜，更何况娶恩人的女儿为妻呢。于是，很快他们就举行了婚礼，夫妻间恩爱非常。呼延氏是个有智谋、识大体的女子，她帮助丈夫筹划谋略，支持丈夫逃离长安，回归山东（指太行山以东地区）。

当时，慕容德正在山东扩展势力，与后秦姚兴争夺中原。慕容超入长安时，身份已经暴露，他害怕姚兴迁怒于他，于是假装疯傻，沿街行乞。如果是普通百姓疯傻行乞，大家不过笑笑而已，但慕容超是燕国宗室，血统高贵，这样一位贵公子行乞，人们不免对之鄙夷不屑了。慕容超走在路上，无论什么人，都要嘲笑他，孩子们还要往他身上投土块、吐唾沫，骂他给祖宗丢脸。每当这时，慕容超心里难过极了，恨不得找个地缝钻下去。

说起来，佯狂行乞还是段氏给他出的主意，呼延氏也赞同。她们劝他不能躲在家里，以免别人生疑。每当慕容超受了委屈后，回家拍胸捶头，痛哭流涕时，呼延氏都百般宽慰他，劝他忍耐以待时机，切不可半途而废，时时用归国建业的话来激励他。在呼延氏不断鼓励下，慕容超增加了克服困难的勇气。

姚兴政权中，有一个叫姚绍的人，偶然在街上看到慕容超，看到他虽然蓬首垢面，言行可鄙，但眼睛中却熠熠有生气。他打听到慕容超的身世后，马上去找姚兴说："你的领土上有一位奇人，你若不用，将后悔莫及。"姚兴开始时很惊奇，因为他是以爱才自诩的人，但他听到所说的是疯子慕容超时，不禁哈哈大笑。姚绍很不高兴，劝姚兴千万不可放过此人。姚兴无法，派人去把慕容超带了来。他故意问慕容超一些问题，用话激他，想看看他的志向究竟如何，但慕容超牢记母亲、妻子的劝告，任姚兴百般诱说，只管呆呆傻傻，搞得姚兴大为扫兴。他对姚绍说："俗语都说：'好外表不会裹在傻人骨架上'，我看未必，慕容超外表虽好，但内里实在不可救药了！"随之派人把慕容超赶了出去，从此不许再提这个人。本来，姚兴曾下令严密监视长安城中各国宗室子弟，慕容超也在监视之列。这一来，人人皆知慕容超不可救药，也就把他从监视对象中剔除了。

慕容德听说母亲、哥哥的死讯，非常悲伤，又听说嫂子尚在，还有一个已成年的侄子，又转悲为喜。他庆幸自己的事业终于有了继承人，立即派出使者，潜行入关，去接回慕容超。

使者很顺利地在长安街上找到了满身泥污的慕容超，偷偷告诉他慕容德的旨意。慕容超惊喜万分：苦熬二十载，终于有了出头之日！他本想回家告诉母亲、妻子，但使者劝他千万不能回家，要他以国事为重，不要拘泥于个人情感。慕容超被说服了，没有去告别母亲、妻子，便径自上路了。

进入燕国境内，使者为慕容超沐浴更衣，然后去见慕容德。慕容超呈上金刀，述说祖母的遗言，叔侄二人抱头痛哭。

慕容德看到侄子身长八尺，腰阔九围，满头秀发，容止可观，非常欣慰，立刻封他为北海王，还给他在皇宫里盖了漂亮的府第，天天都去看他。慕容超也明白叔叔的意思，知道叔叔对自己寄托重望，非常感动，决心不负重托。他每天殷勤侍奉慕容德及伯母段氏，平时倾身下士，结交贤才。不久，朝廷内外一致称赞，慕容德便把他立为太子。

第二年，慕容德去世了，慕容超登基做了南燕皇帝，尊伯母段氏为太后。慕容超青少年时代颠沛流离，接近普通人较多，使他养成了与一般帝王不同的性格，是一个很重感情的人。现在他有了继母段氏，后宫又有无数美人，却偏偏放不下亲母段氏与妻子呼延氏。他派出特使，前往长安，请姚兴放还他的母亲和妻子。

姚兴因为受骗上当放走了慕容超，非常生气，早就拘起了段氏和呼延氏，现在听到燕国使臣来迎，一时大怒。他把使者训斥了一顿，声称慕容超如果要求归还母亲、妻子，必须向秦国称臣，而且还得送来太乐诸伎。

慕容超听到使者的回报，不知如何是好，于是召集群臣商议。一个大臣认为，慕容超应该学习汉高祖刘邦，为了打天下可以不顾老子的性命。另一个大臣认为，如果不称藩送伎，太后、皇后拘禁在秦，皇帝必然方寸崩乱，这样对国家不利，建议慕容超为了母亲，不妨称藩送伎。慕容超听了第二种意见，非常高兴，马上派一个最有智谋又有口才的大臣往关中去迎接母亲、妻子。

姚兴是苻坚之后又一个风流儒雅、器量弘远的少数民族君主，他虽然生慕容超的气，但终究是讲道理的。他不但归还了慕容超的母亲、妻子，还特地为她们准备了行装，以礼送出了国境。

母子、夫妻相见，其激动感慨之情自不必说。慕容超想起自己坎坷悲凉的青少年生活，想起患难时母亲的慈爱与妻子的抚慰，想起行乞街头时母亲、妻子的鼓励与鞭策，觉得世上亿万人中自己的母亲最好，自己的妻子最美、最贤惠。几天后，他举行了隆重的典礼，尊段氏为皇太后，同时册封呼延氏为皇后，而且终生没有改易。

秃发王后和她的父兄

十六国后期，河西走廊一带兴起了几个游牧民族建立的国家，即鲜卑族乞伏氏建立的西秦、秃发氏建立的南凉和卢水胡人沮渠氏建立的北凉。我们这个故事中的秃发王后，就是南凉主秃发傉（nù）檀的女儿。

南凉的国土在今青海省东北部及甘肃省西南部一带，最早称王的是秃发乌孤。秃发乌孤在位只有 3 年，因为酒醉后乘马摔伤肋骨去世，去世前留下遗嘱，吩咐立弟弟秃发利鹿孤为继承人。后来，秃发利鹿孤也去世了，去世前吩咐传位于弟弟秃发傉檀。为什么南凉采取这种“兄终弟及”的传位方式呢？原来，秃发傉檀年轻时比两位哥哥聪明，他常常出点小主意，并往往奏效。他们的父亲思复鞬非常喜欢傉檀，曾经对其他的儿子叹息说：“傉檀的心胸和见识，比你们高明多了，可惜他不是长子，不能继承爵位，不然，我秃发家一定会鼎盛的。”乌孤兄弟都很孝顺，记住了父亲的话，所以，他们没有采取传统的父传子的继承形式。他们的目的，就是为了让傉檀能登上王位，以慰父亲在天之灵。

但秃发傉檀并不像他父亲评价的那样能干，而是个好用干戈、轻举妄动的人。他即位后，连年发动战争，结果常常以失败告终，尤其与夏[①]赫连勃勃的一次战争，南凉名臣勇将死了十分之六七，军士死亡更不计其数。赫连勃勃是有名的暴君，为了庆贺战胜，把南凉阵亡将士的骷髅集在一起，筑成高台，号称“骷髅台”，在上面摆酒庆功。这件事，使南凉军民莫不痛心疾首。然而，秃发傉檀不接受教训，他不听臣下的劝阻，又与北凉沮渠蒙逊展开战争。北凉兵非常厉害，杀得南凉人仰马翻，秃发傉檀只落得单骑逃还，最后送质子[②]讲和。这次大败之后，秃发傉檀还不接受教训，又去西征乙弗。西征乙弗倒很顺利，抢掠马牛羊 40 余万头，秃发傉檀大喜。想不到乐极生悲，原来，秃发傉檀出兵乙弗时，被西秦主乞伏炽磐乘虚而入，袭击了都城，太子秃发虎台、王后折掘氏及王子、王女都被掳走。秃发傉檀听到报告后目瞪口呆，好容易平静下来后，他把将士们召集起来说：“将士们，我们的国土都被西秦主乞伏炽磐占领了，男子们几乎被杀光了，妇女们都赏给兵士做了仆妾，现在已经无家可归了。我们没有别的办法，

① 夏：十六国时匈奴贵族赫连勃勃建立的国家，都城在统万城（今陕西横山西北）。

② 质子：中国古代诸国并存时，为了政治或军事的需要，国君常常把自己的儿子作为人质送往别国，称为质子。

只能再回师向西，把乙弗的资财全部抢来，好向西秦赎还我们的妻子！”他满以为将士们听了会慷慨相从，没想到他们早就对连年的战争不满，又听到国土沦陷、妻子被掳，已经心胆俱裂了。他们只希望早些东归故土，看看自己的亲人是否幸存，谁也不愿重新西征。没有几天，将士们逃走了一大半。秃发傉檀派手下将士去追，结果追人者也不见复返。不久，将士都逃光了，傉檀身边只剩下4名将官。他不禁哭道：“西秦乞伏炽磐、北凉沮渠蒙逊当年都向我称臣，现在我已穷途末路，如果去投降他们，岂不叫人耻笑？听说沮渠蒙逊正雄心勃勃，招怀远近，你们去投奔他，谅不会被杀。我年纪老了，脸皮厚了，我去投奔仇人乞伏炽磐吧！他能容我就容我，不能容我，就与妻子死在一起，省得骨肉分离。”说着，他打发走了三员将官，独自与心腹阴利鹿投奔西秦而去。

君臣二人心中凄惶，一路上只见荒无人烟的戈壁沙滩、已经腐烂和尚未腐烂的尸体及随地丢弃的兵器。秃发傉檀知道自己正一步步走向死亡，但为了见到妻子，那与之俱死的念头驱使他继续前进。

转过一个山口，阴利鹿指着前面驰来的一支人马，惊恐万状地对傉檀说：“主公，乞伏炽磐派人来杀我们了！您快逃吧！我来对付他们。”说着搭上弓箭，就要瞄准。秃发傉檀一把拉住他："不能射，射死一个人，他们就会杀掉我们一家人。再说，他们来势并不凶猛，倒像去迎接什么人。"果然，为首的一人驰近后，滚鞍下马："主公，我是来接您的。"说罢放声大哭。

来的人是秃发傉檀旧日的大臣，现已在乞伏炽磐手下当了大臣。这次是被乞伏炽磐派来当特使，专门迎接秃发傉檀去西秦的。

原来，乞伏炽磐攻破南凉都城乐都时，掳走了秃发傉檀的王后、太子和宗室子弟，回朝后，举行了献俘典礼。乞伏炽磐坐在高台上，一一检阅俘虏，他看到，傉檀的王后折掘氏虽然端庄文静，但已年近花甲、鬓发斑白了；太子虎台是个美男子，魁梧健壮，一表人才。秃发傉檀其他子女有俊美的，有一般的，最后走过一个女郎，年纪仅有十六七岁，虽然披散头发，低眉垂眼，但掩盖不住动人的艳丽。炽磐一询问，才知道她原来是秃发傉檀最小的女儿。他吩咐把其他人安排在都城里居住，单留下秃发氏入宫侍寝。

落日西沉，乞伏炽磐回到寝宫。他以为秃发氏会满面春风地迎接他，没想到看见的是一副怒容。乞伏炽磐是一位英武的中年君主，虽然也爱女色，但是很讲情义，他知道要征服秃发氏，首先要征服她的心。他想了想，对秃发氏说："你我都是河西贵胄，是一对天生的夫妻，只要你顺从我，愿意做我的妻子，我可以赦你父亲不死，派使臣去迎接他，让他和你母亲在你身边颐养天年。你的哥哥虎台，也是一个有为的人，我也会优待他的。请你好好考虑。”秃发氏仔细想了想，如果不顺从，对谁都没有好处，顺从则不但救了母亲、哥哥，还能救父亲一命，于是她答应了，并且尽量对炽磐以礼相待，夫妻两人恩爱非常。不久，炽磬实践了自己的诺言，派使臣前去寻找、迎接秃发傉檀，请他来与妻子、儿女同享天伦之乐。

听了使臣的叙述，秃发傉檀转忧为喜。他换上使臣奉上的华丽衣服，坐上华贵的车子，怀着即将见到妻子、儿女的喜悦心情，进入了西秦都城枹罕（今甘肃临夏）。

乞伏炽磐准备了盛大的欢迎仪式，并为傉檀夫妇建造了华丽的府邸。不久，他封傉檀为骠骑大将军、左南公，立秃发氏为王后。

乞伏炽磐的这一安排，惹恼了宫中一位美人，闹出了一场悲剧。

这位美人也姓秃发氏，是秃发王后的堂姐姐，为区别于秃发王后，这里称之为大秃发氏。

原来，乞伏炽磐少年时曾在南凉都城当过质子。那时，南凉的国君是傉檀的哥哥利鹿孤。十六国时，北方各国连年争战，有时为了避免战争，求得暂时的稳定，各国互相把太子或王子送入敌国做人质。这些质子在国内血统、地位非常高贵，但入质到敌国，则很可能生命都得不到保障，只要两国翻脸打起仗来，质子就有被杀掉的危险。在和平时期，为了拉拢、稳定对方，一般对这些质子给予很高的待遇，常常把王室女子嫁给他们。大秃发氏就是乞伏炽磐在南凉时，利鹿孤赐给他的妻子。后来，两国关系紧张，乞伏炽磐找机会逃回了西秦。按说，质子逃离属于背信弃义，应该受到谴责，但秃发傉檀心肠比较软，他看到大秃发氏失去丈夫很痛苦，便派使臣把她送到西秦与乞伏炽磐团聚，同时还送去了许多嫁妆。

对秃发傉檀的这段情谊，炽磐并没有忘记。但大秃发氏是个忘恩负义的女人，看到小秃发氏被封了王后，自己反而只封为左夫人，位居小妹之下，心里非常嫉妒。她忘了秃发傉檀旧日的恩情，千方百计陷害秃发王后。

大秃发氏知道秃发王后很孝顺，她决定先除掉秃发傉檀，让秃发王后伤心而死。她买通了一些人，让他们寻找机会在炽磐面前露些口风，说南凉人都思念傉檀，希望他回去，又说傉檀最近很不安宁，总像有什么心事。这种话听得多了，炽磐被闹得疑疑惑惑。他想，只要秃发傉檀活着，就不能消除隐患。于是，乞伏炽磐趁秃发傉檀生日之机，派人送去一坛毒酒，给傉檀上寿。傉檀很高兴，一口气喝了半坛子，不一会儿，毒性发作，他的五脏六腑像刀绞似的难受。左右随从知道中了毒，连忙拿来解药。傉檀不肯喝药，他知道就是这次不死，还会有下次。他悲愤地说："我的病难道还要用药来解吗？"说完，就去世了。

听说傉檀死了，秃发王后哭得死去活来。大秃发氏假惺惺前来劝慰。秃发虎台知道父亲的死因后，牙齿咬得咯咯响，但他毕竟是有心计的人，一会儿就冷静下来了。他想，四面都是西秦的人，自己必须忍辱负重，才能报仇。他假装认定父亲是病死了，一切按病死的规矩处理。

送丧那天，虎台将父亲的死因告诉了妹妹。秃发王后一听惊呆了，她万万没有想到，父亲是被自己心爱的丈夫害死的。她要去找乞伏炽磐报仇，但虎台劝住她，告诉她不能轻举妄动。否则，兄妹送命不说，报仇的事也会付之东流。秃发王后听从哥哥的劝告，表面上不露声色，心里却在做着报仇的计划。

秃发王后以为大秃发氏亲近可靠，把自己的计划告诉了她，请她协助。这下大秃发氏高兴极了，马上告了密。乞伏炽磐不敢也不愿相信爱妻会谋害自己。他派人把秃发王后、秃发虎台及其他有关人员一起捉来，亲自审问。秃发王后兄妹性子非常刚烈，干脆直认不讳，大骂乞伏炽磐狼心狗肺。骂得炽磐性起，当场就把兄妹二人杀了。

秃发王后死后，乞伏炽磐很懊悔了一个时期，他非常怀念秃发王后。每当看到祁连山顶的皑皑白雪，就想起纯洁无邪的秃发王后。直到他去世，都不明白自己杀死岳父和亲爱的妻子到底为了什么，到底是对还是不对。

阴险狠毒的大秃发氏最后也没有得到好下场。

原来，乞伏炽磐的原配妻子很早就去世了，留下了几个儿子。这几个儿子都与父亲一样，英俊勇武。炽磐去世后，次子乞伏暮末当了国王。当时，大秃发氏虽然已不甚年轻，但仍旧很风流，她耐不住寂寞，不久就和暮末的弟弟轲殊罗勾搭上了，而且往来密切，传得尽人皆知。这种乱伦的丑事使暮末大为恼火，他声称一定要好好教训教训轲殊罗。这一来，大秃发氏和轲殊罗都慌了。他俩密谋杀掉暮末，逃往敌国，决定由秃发氏去偷通往暮末房间的钥匙，但秃发氏偷错了钥匙，开了其他一个门，这个门也是秃发氏没有权力开的。守门人感到异常，报告了暮末。暮末大惊，马上调配人马，捉住了这伙谋反者。暮末狠狠地抽了轲殊罗一顿，念及他是同母兄弟，饶他不死，但想到秃发氏终究是宫中一害，早晚会出问题，于是派人拿了毒酒，强迫她服毒自杀了。

晋孝武帝戏言丧生

西晋灭亡后，晋宗室琅邪王司马睿在江南称帝，重兴晋室，史称“东晋”。东晋的第九代皇帝名叫司马曜。司马曜的死很特别，他不死于沙场，不死于疾病，也不死于政敌之手，而是死于自己的一句戏言。

司马曜的父亲是简文帝司马昱，母亲是一个又黑又丑的宫中织婢。这种出身，在讲究门阀制度的魏晋南北朝时期，是极少见的。

原来，司马昱不是没有妻妾，也不是妻妾不能生子，只是妻妾们生的儿子都没有成人就夭折了。不得已，司马昱才与这个织婢结合，生下了司马曜。

司马昱原来是个亲王，他的结发妻子王氏，是当时门第很高的太原王家的女子，为他生了个儿子司马道生，立为世子。后来，王氏得罪了司马昱。司马昱仗着自己妾媵①众多，还有 3 个庶子，索性把王氏母子一齐废掉。王氏精神上受到重大打击，不久就去世了。想不

① 媵：音 yìng，陪嫁的人。

到司马昱的3个庶子身体都很虚弱，小小年纪，就相继得病死了。不久，废世子司马道生也得病去世了。4个儿子都死光了，司马昱才着急起来。

一晃十年，司马昱已年近40，虽然妻妾成群，膝下仍然无子。他十分焦灼，到处求医问卜，总不见效，这样又是几年。一回，司马昱听说有一位术士善相面，能相出男人的富贵贫贱，也能相出女人有子无子。他很高兴，立刻用重礼把此人请进王宫，殷勤款待，然后，让自己的爱姬们一一出来，请术士逐个相面。术士一个个仔细看过后，一再摇头。司马昱不甘心，又召来所有婢媵，术士一一看过后，仍是摇头。司马昱不觉心灰意懒，垂头丧气，吩咐手下送客。这时，术士说："我看殿下命中不该绝嗣，恐怕宫中还有女子没有相到。"司马昱摇摇头说："如果我命中真的不该绝嗣，还得去买姬妾，家中的已经全部相过了。"一个女管家插嘴说："还有呢，昆仑婢还没有相呢！"司马昱登时大怒："混蛋！昆仑婢算什么东西！"原来，司马昱宫中有一个织布的粗婢，长得又粗又壮，肤色黝黑，不像女人，倒像一座黑森森的大山，众人都戏称她为昆仑婢。司马昱并非不知道此人，但一直没有把她当女人看待，只当作一个粗使的下人，所以听到管家提起，认为是侮辱了自己，不禁动怒。术士劝解说："召来看看，又有何妨？"

司马昱一想，已经用了大半天时间，再加一个，确实无妨，于是命人去召。

昆仑婢粗大的身躯刚进入殿门，术士马上拍案起立，道："殿下果然有福，这位就能给殿下生出贵子，殿下不但有子，而且还将南面称帝呢！"听到这话，司马昱又惊又喜，他想起历年来求神问卜，不只一人说过他有天子之命，还说他命中有两位贵子，今天术士所说又如此，他宁可信其有，不肯信其无。于是，司马昱顾不得昆仑婢丑陋卑贱，当天就召她侍寝。不久，昆仑婢果然怀了孕，十月满足，生下一个漂亮结实的儿子，取名司马曜。不久，又生了儿子司马道子和一个女儿。当然，术士之言是不足信的，但在盛行迷信的古代皇宫里，也许碰上了这种巧合。

司马曜 8 岁时，司马昱入继大统当了皇帝。司马昱是个短命皇帝，在位一年多就去世了。那年司马曜才 10 岁，就继承了皇位，历史上称之为晋孝武帝。

司马曜是个孝顺的君主，他不嫌自己的母亲出身卑微，即位后马上尊昆仑婢为淑妃，不久进为贵人，后来又尊为皇太妃、皇太后。

此外，司马曜又是个尽心国事、委任贤臣的君主。有名的淝水之战，就发生在他当政的时候。由于他用人得当，这一战击溃了强秦，巩固了晋室。

但司马曜的个人生活并不很美满。他娶了一位名门望族王蕴的女儿为皇后。王皇后姿容美丽，聪明可爱，但是有两大毛病：一是嗜酒，二是嫉妒。王皇后的父亲王蕴是个很有名的贤官，深得百姓爱戴，唯一的毛病也是嗜酒如命，醉时多而醒时少。王皇后可能即受其父影响，她终日酣饮，常常醉得人事不省，不能迎驾。司马曜觉得这样很不成体统，但又不好说什么，因为皇后的门第高，怕得罪了王家会失去政治支柱。从皇后那里得不到乐趣，司马曜只好去找别的妃妾温存，但王氏醒来后必要盘问宫人司马曜的去向，并向司马曜纠缠不休。终于有一天，司马曜不愿忍受了，一怒之下，把王蕴召进宫中，诉说皇后的过失，命令王蕴严加管教。王蕴是一位识大体的贤臣，听到女儿如此失德，不觉羞愧难当，他流着泪，狠狠地训斥了女儿一顿。那之后，王皇后果然有所收敛，但终因嗜酒过度，饮食无节，21 岁就去世了。

王皇后死后，宫中受宠的是一位陈淑媛。陈淑媛出自倡家，因为长得极美，又能歌善弹，选入宫中封为淑媛。司马曜非常宠爱陈淑媛，王皇后醉酒时，他最常去的就是陈淑媛处。王皇后死后，司马曜便把陈淑媛当作皇后看待，每天下朝后不去别处，径直到陈淑媛处进餐就寝。几年间，陈淑媛为他生下两个儿子，长子取名司马德宗，次子取名司马德文，即东晋最末两代帝王。本来，司马曜有心把陈淑媛册为皇后，但当时门阀观念极强，这样一位出身微贱的女人要册为皇后，会引起朝廷中一批大臣的反对。所以，一直到几年后陈淑媛病死，司马曜也未敢提出这一议案。

陈淑媛死后，司马曜悲痛异常，一年之中郁郁寡欢，除上朝外，心思几乎全花在两个儿子身上。然而，皇帝的生活不会总寂寞的，皇宫中佳丽成百上千，专供皇帝一人享用。不久，一位姓张的美人博得了司马曜的欢心，对陈淑媛的怀念也就渐渐淡漠了。

这位张美人聪明伶俐不亚于陈淑媛，其美貌娇艳更有过之而无不及。不久，司马曜册张美人为贵人。司马曜竟被她迷住，朝朝相随，夜夜相伴，连国家大事都懒得过问了，一概委托自己的胞弟司马道子管理。司马道子是个昏庸无能的人，远君子，亲小人。很快，东晋的政治开始混乱起来，国势也一天不如一天了。

张贵人出身微贱，性情也不贤淑，专喜欢寻欢作乐。她能说会道，撒娇装痴，弄得司马曜爱也不是，恨也不是，终日迷迷恋恋，颠颠倒倒。

这样过了几年昏天黑地的生活，司马曜已经35岁，张贵人也有30岁了。这年秋末的一个下午，司马曜在清暑殿摆酒与张贵人、众姬妾共饮。司马曜因为国内水旱灾害相继发生而愁眉不展，张贵人也为自己中年尚无子而闷闷不乐。喝了半天闷酒，司马曜终于忍耐不住，先开口了。他问张贵人究竟为何不乐，张贵人不好意思说出来，故意锁着眉头，没有回答。司马曜很扫兴，于是转过脸去和别的姬妾说笑。这些姬妾平时被司马曜冷淡惯了，今天看到皇帝垂青，忙不迭地大献殷勤。一会儿，司马曜就被哄得眉开眼笑，忘记了刚才的烦恼，索性要气一气张贵人，他假装忘记张贵人在身边，一个劲儿只与众姬妾说笑。五六年来，张贵人一直宠冠后宫，何尝受过这种冷落，一时气得脸色铁青。

司马曜从未见过张贵人气成这种样子。他觉得张贵人生起气来越发妩媚动人，于是假装绷起脸来说："张爱卿，你的岁数不行了，我现在喜欢比你更年轻的了。"说着，故意走到众姬妾群里，左拥一个，右抱一个，满殿中只听见开心的哄笑声。

张贵人不知道司马曜在和她开玩笑，信以为真了。她冷笑一声，一甩袖子，带着贴身侍从到后殿去了。

天晚了，酒宴散了，因为众姬妾的殷勤献酒，司马曜已经烂醉如泥了。自从张贵人得宠后，每年夏秋，司马曜和张贵人都在清暑殿里下榻避暑。张贵人看见扶进寝殿来的烂醉如泥的司马曜，想起他刚才说的那句话，以为司马曜果真要抛弃自己、另觅新欢了，不禁动了杀机。她把剩下的酒菜赏给众侍者，打发他们外边去吃，然后，叫来自己的心腹婢女，让她用被子蒙住司马曜的脸，把他活活捂死了。

第二天早上，张贵人在殿中哭起来，哭声越来越高，众宦者不知发生了什么事，一齐聚在殿前听候旨意。一会儿，那个婢女走出殿来，向为首宦者报告说："皇帝昨天饮酒过量，半夜中魇暴崩了，贵人正在举哀，请中官宣示内外。"

一个年富力强的皇帝，好端端地一夜之间死了，大家都有点怀疑，但因为没有真凭实据，谁也不敢说出来。当时，最有权力过问此事的是司马曜的母亲李太后、弟弟司马道子和太子司马德宗。但李太后昆仑婢是个憨厚的老太太，只知享福，缺少心眼儿；司马道子成天沉湎于酒色，自顾不暇；司马德宗与晋惠帝一样，是个白痴。这最重要的三个人不来过问，别人谁好过问！于是，一件天大的弑君之案，竟因为没有一个人来追查，就此不了了之了。

贺氏助子重兴代国

十六国后期，北方又有一个少数民族建立的国家崛起，渐渐扫清河朔，雄踞中原，它历经150年，是魏晋南北朝时期最强盛的一个少数民族政权。它就是北魏，原称代国。

北魏的开国君主复姓拓跋，单名珪，鲜卑拓跋部人，是一位勇武聪慧的君主，他是代王什翼犍的孙子。拓跋珪幼年时，国家衰亡，不得不到处奔逃。16岁时，他得到旧臣民的拥戴，重整旗鼓，再兴代国。说起来，拓跋珪重兴代国、恢复祖业的壮举，是与他母亲贺氏的帮助分不开的。

贺氏是代国统辖下的东部大人①贺野干的女儿，因为容貌美丽、仪态大方，少年时被选入代国宫廷，做世子拓跋实的妻子。贺氏不仅容仪美丽，而且沉敏聪慧，勇而有谋，非寻常女子可比，很得世子拓跋实及代王什翼犍的喜爱。

① 东部大人：即东方部落大人。部落大人是古代部落首领的称号。

就在贺氏怀了孕，对未来生活充满憧憬之时，一场悲剧发生了。

当时，世子实正随同什翼犍西讨叛臣刘卫辰。途中，部将长孙斤作乱，煽动部下冲入中军帐内，去杀什翼犍。什翼犍毫无准备，帐中也没有将士守卫，情况十分危急。幸好世子实正在帐中侍候，看到父亲危急，挺身上前格斗，被长孙斤用槊刺入肋部。他不顾伤痛，拼命抱住长孙斤，帐外卫士听到声音一拥而进，乱刀砍死长孙斤。可这时，世子实也奄奄一息了。

世子实受了致命创伤，虽然什翼犍派人多方救治，一个月后还是去世了。

贺氏听到丈夫的死讯，悲痛欲绝，但为了腹中的孩子，她顽强地活了下来。几个月后，贺氏生下了儿子，取名拓跋珪。拓跋珪比正常婴儿重得多，说话也早得多，额头很宽，耳朵很大，眼睛炯炯有神，见到的人都说这孩子将来必有大出息。

最疼爱孩子的是他的祖父什翼犍。什翼犍因儿子为救自己而死，常常痛彻心髓，看到孙子如此可爱，便拿出全部心思来爱抚孙子。为了庆贺孙子的出生，他曾大赦境内死囚，让万民与他同庆。

想不到好景不长，拓跋珪 6 岁时，国内又发生了一次更大的变乱。

什翼犍有一个弟弟，名叫拓跋孤，曾做部落酋长。拓跋孤死后，儿子拓跋斤因为失掉官职，心里怨恨，思谋作乱报复。他看到世子实死后，国内没有再立世子，觉得可以就此大作文章。当时，并非什翼犍没有儿子，而是他认为没有可立为世子的儿子，这事才一直迟疑不决。什翼犍的继妃慕容氏有几个儿子，都很年幼。此外，他还有一个贱妾生的儿子，名叫拓跋寔君。寔君虽然年龄最大，但性情凶残暴虐，不具备做君主的素质。拓跋斤看到寔君可以利用，就去挑拨他说："大王不久要立慕容妃的儿子，怕你不服，准备先杀掉你，难道你就等着送命吗？"寔君听了火冒三丈，请拓跋斤帮助自己作乱。他们组织了几个亲信，闯进什翼犍的帐篷，杀死了慕容妃的几个儿子。什翼犍听说儿子寔君作乱，正要出来镇压，偏偏寔君手下人杀进自己帐中。这些人不分青红皂白，见人就杀，什翼犍也死在了乱刀之下。

杀死诸弟、父亲后，寔君又寻找贺氏和拓跋珪，准备一网打尽。贺氏是个极聪明的人，刚刚听说寔君作乱时，就料到事情不好，她毫不犹豫，带上亲信和自己的儿子，骑马投奔贺兰部落去了。贺兰部落酋长贺讷是贺野干的儿子、贺氏的哥哥、拓跋珪的舅舅，他不但收留了贺氏母子，还准备军马，要去平叛。

当时，前秦军队正在代国边境征讨，已经几次大败代军，忽然听说代国内乱，什翼犍被亲子所杀，国王苻坚动了仗义之心。他马上敕令进军代国，讨伐乱贼逆子，为什翼犍复仇。不久，秦军把寔君和拓跋斤捉回长安，宣布罪状后五马分尸。做了这件替天行道的大事，苻坚又顿萌兴亡继绝之心。他询问什翼犍有没有遗嗣，当得知尚有一个遗孙逃在贺兰部落时，苻坚打算派使者召回拓跋珪母子，让他们管辖代国。苻坚的谋臣不同意这种做法，他们说："代国刚刚乱亡，臣民都已逃散，拓跋珪年岁幼小，不可能统辖国家。现在代国还有刘库仁部和刘卫辰部。刘库仁骁勇仁智，刘卫辰狡猾善变，二人势均力敌，立谁都不会安宁。莫如把代国分为两部，让他们各统一部，等拓跋珪长大了，再立为王，那时他感念陛下大恩，一定会尽力图报。"苻坚采纳了这个意见。

刘库仁是什翼犍的外甥，是个很有威信的部落大人。他把拓跋珪母子迎回了自己的部落，当作自己的主人看待，并对自己的几个儿子说："这孩子非同一般，将来必能恢复祖业，你们一定要像待我一样看待他，千万不可怠慢。"

就这样，拓跋珪在刘库仁的保护下生活了 10 年。10 年中，贺氏教他念书学礼，给他讲父亲、祖父的英雄业绩，从小培养拓跋珪树立了雄心壮志。

拓跋珪 15 岁那年，刘库仁部发生了变乱。刘库仁在战争中死去，弟弟刘头眷代统部众。不久，刘库仁的儿子刘显杀死了刘头眷，自立为主。刘显是个野心很大而且嫉妒心极强的人，早就对拓跋珪怀恨在心。现在他大权在手，认为可以除掉这块心病了。但刘显想到，拓跋珪是自己的表弟兼小主人，公开杀掉他会失去人心。他和弟弟亢埿（ní）商量，准备趁天黑偷偷把拓跋珪干掉。

可是，亢埿的妻子是拓跋实的妹妹、拓跋珪的姑姑，与贺氏关系很好。她不愿看着拓跋家的血统断绝，偷偷把消息告诉了贺氏。刘显的谋士梁六眷又是什翼犍的外甥，与拓跋珪关系也很好，也派人把这事儿告诉了拓跋珪。拓跋珪这时已长成英俊少年，聪颖过人，他马上去与母亲商量，准备一同逃走。贺氏知道儿子比自己更重要，决定自己留下来打掩护，让儿子能更顺利地逃走。拓跋珪不放心母亲，苦苦哀求说："母亲十几年为我辛苦，儿子怎能抛下母亲一人逃走！就是死，也不能丢开母亲！"而贺氏说，自己含辛茹苦十几年，并非为了儿子一人，而是为了重兴代国，拓跋珪性命事小，代国重兴事大。她希望儿子能顾全大局，不要念及私情。并且说，如果拓跋珪不听自己的话，就是不孝，对不起天地祖宗。听到这种大义凛然的话，拓跋珪大为感动。

他擦干了眼泪，拜别母亲，准备好行装，等到天傍黑就远走高飞了。

当天晚上，贺氏准备了一桌丰盛的酒宴，派人请刘显前来赴宴。刘显虽是贺氏的晚辈，但年龄与贺氏相仿，他的作风和为人与刘库仁截然不同，是个轻浮之人。他早就对贺氏的美貌垂涎三尺。但贺氏一向端庄自持，使他一直不敢放肆胡为。本来，刘显准备杀掉拓跋珪后，把这位美丽的表舅母据为己有，今天看到贺氏主动来请，真是喜从天降。他想，先喝了贺氏的酒，再去杀拓跋珪也不晚。

贺氏为了儿子，一改往日的端庄。她再三劝酒，席间几次秋波流转，弄得刘显神魂颠倒，迟迟不愿离去，一会儿，就喝得酩酊大醉了。这时，拓跋珪与随从早已乘上轻骑，跑出很远了。

第二天，天还未亮，贺氏故意跑到马厩中，把马群弄惊。刘显听到马嘶，急忙出来探视，被贺氏劈胸揪住。贺氏大哭大闹，向刘显讨还儿子，一边哭一边数落说："我儿子夜里还在，早上就不见了，一定是被你杀死了！"刘显矢口否认。贺氏哪里肯听，直闹得天翻地覆，才被劝入帐中。刘显怕别人怀疑，也不敢派人出去寻找、追杀。

就这样，拓跋珪顺利地逃到了贺兰部，投奔了舅舅贺讷。

不久，刘显手下几位有识见的部落大人，得知拓跋珪逃往贺兰部，纷纷率所部臣民逃走，投奔拓跋珪去了。渐渐地，贺氏设计放走儿子的事也被刘显知道了。刘显正在为部下叛逃的事恼火，听说后大怒，提刀亲自来杀贺氏。贺氏逃到亢埿家，藏在他家神车里，没有被找到，又加上亢埿全家尽力劝解，才幸免于难。

不久，刘显部大乱，贺氏乘机逃到拓跋珪身边。

拓跋珪投在贺兰部的消息传出后，远近流散的代国旧臣民纷纷赶来依附，各部落大人也劝他重整河山。当时，拓跋珪因母亲尚在敌巢，不敢贸然行动，现在母亲已回到身边，知道时机成熟，欣喜万分。贺氏看到众心归附，也劝儿子马上举事。然而，就在这时，又出了一件不顺利的事情。

原来，贺讷的弟弟染干，也是个有野心而且嫉妒心极强的人，他对外甥的深得人心非常不安，于是暗中派手下人去行刺。这个阴谋被代国旧臣尉古真知道了，透露给了拓跋珪。拓跋珪严加防范，刺客没有得手。

染干早就怀疑是尉古真透露的消息。他把尉古真抓来严刑拷打，用两个车轴夹住他的头，又弄瞎了他一只眼睛，逼他招供，但他始终不肯说出一字。染干得不到证据，只得把他放了。染干左思右想，怨气难出，他领上部众，包围了拓跋珪的帐篷，口口声声让拓跋珪出来答话。

贺氏来到贺兰部后，知道这里虽是自己的老家，但仍然危机四伏。她一步也不肯离开儿子，随时准备挺身而出。现在，看到围攻儿子的竟是自己的亲弟弟，她气极了，不顾儿子和臣下的劝阻，奋力冲出帐篷。贺氏对染干说："染干，我是你的亲姐姐，与你何仇，为什么一定要杀死我的儿子？如果一定要杀我的儿子，就先把我杀了吧！"染干的脸腾一下红了，众人也低下了头。染干无话可对，只好领着部众，悻悻地走了。

又过了几十天，代国的旧臣及诸部大人纷纷去向贺讷请求，愿意拥戴拓跋珪为主，重兴代国。贺讷自然赞成，并且积极为之筹备。第二年正月，贺讷及代国旧臣护送拓跋珪至牛川（今内蒙古呼和浩特西南），召集远近诸部大会，举行登基典礼，重新竖起了代国大旗。灭亡了 10 年的代国，至此又重新崛起于北方。那一天，蓝天白云格外艳丽，草原上人山人海，前来参加会典的牧民们高兴地奔走相告：真龙天子又出世了！草原上的人民又有希望了！

这一年，拓跋珪只有 16 岁。他知道，自己之所以有今天，他慈爱的母亲贺氏是起了决定作用的。

天之骄子的不幸结局

北魏开国皇帝拓跋珪，是魏晋南北朝史上一位杰出的人物。魏晋南北朝时，政权交替频繁，时局动荡，容易造就英雄。但像拓跋珪这样流亡十余年，寄人篱下，未到成年便能号召旧部，重整旗鼓再造江山的君主，却绝无仅有，称他为天之骄子，亦不为过。现在山西省大同市西北云冈石窟中，有一尊巨大的佛坐像，据说就是依照拓跋珪的形象雕成的。那尊雕像广额大耳，直鼻细目，确实不同凡响。看着它，不难想象出当年拓跋珪驰骋漠北，南征北战，开拓疆场，建立强大魏国的雄姿。但谁又能料到，这样一位天之骄子，最后竟死于宫廷之变呢！

拓跋珪 16 岁重兴代国，不久，改国号为魏。远近部落的酋长、大小国家的国君，看到拓跋珪如此英雄，纷纷前来结好，其中不少送来女儿或宗女，要求结亲，以求政治上有所依靠。拓跋珪是个英雄，但并非不好女色。他不但将送来者全部笑纳，灭了敌国还要把掳来的美女留在宫中。有时，听到别国君主有漂亮女儿，也要派人前去求婚。

拓跋珪宫中，有一位刘夫人，是刘库仁的侄女、刘头眷的女儿、拓跋珪的结发妻子。拓跋珪刚立国不久，就封她做夫人。刘夫人为拓跋珪生了一个女儿和一个儿子。儿子因为是长子，最有立为继嗣的资格，所以取名拓跋嗣。刘夫人最早跟随拓跋珪，又生有长子，加上善管内政，很有本领，在宫中威信很高，因此，受到拓跋珪的敬重。按说，刘夫人是最有希望立为皇后的。但代国宫中有一个祖上传下来的老规矩：将被立为后的女子，必须亲手浇铸一个铜人，能铸成，则说明受天命委托，可立为后；铸不成，则没有资格立为后。拓跋珪曾经举行隆重的仪式，请来最高明的助手，协助刘夫人铸像，但不知什么缘故，竟然没有铸成。因此，刘夫人就失去了做皇后的机会。

拓跋珪平定后燕后，掳来了后燕主慕容宝的幼女。因为她美貌动人，被收入宫中。这位慕容氏举止端庄大方，性情温柔和淑，很得拓跋珪的宠爱。刘夫人铸像失败后，在朝臣们的再次奏请下，拓跋珪选中了慕容氏，为她举行了铸像仪式。慕容氏运气好，没费什么劲儿铜人就铸成了，很快就被立为皇后。

刘夫人年长有威信，又生有长子，没有立为皇后；慕容氏年幼新来，反而立为皇后。这自然引起刘夫人和其他一些妃嫔的不满。这些妃嫔有的挑唆刘夫人去排挤打击慕容后，有的劝刘夫人沉住气，等儿子当上皇帝后一总算账。总之，出什么主意的都有。

这些闲言碎语吹进了拓跋珪耳朵里，搅得他心里很烦乱。拓跋珪有许多儿子，他认为最有能力继承自己事业的，还是拓跋嗣。因为拓跋嗣是个仁义忠厚的孩子，拓跋珪对他很放心，知道他将来不会欺负自己的庶母和弟妹。但他不放心刘夫人。他知道女人们一般心眼小，好听谗言，不能容人，尤其是将来当了太后，权势无边，难免做出伤害非亲生子女的事情来。而且，如果太后扶植外戚，把持朝政，还会给国家带来灾难。这种例子在史书上记载得太多了，拓跋珪读过这些史书，他知道得很清楚。于是，他想了一个有效但又残忍的办法。

一次上朝时，拓跋珪宣布了一条规定：今后，魏宫里立太子时，先要杀死太子的母亲。说完，又宣布了一道具体的诏令：诏立皇长子拓跋嗣为太子，同时，赐太子母刘夫人即日自尽。

诏令一下，朝臣们都惊呆了。半晌，拓跋嗣首先明白过来，他扑通一下跪倒在父亲面前，痛哭失声，要求父亲不要杀掉自己的母亲，要求父亲另立别人为太子。

对这条每立太子先杀其母的规定，拓跋珪是经过反复考虑后才下定决心的。他早已做好了思想准备，所以，在拓跋嗣痛哭求情，随之群臣纷纷跪下求情的时候，他非常冷静，缓缓地说：“不是我自己的发明创造，500年前的汉武帝就是这么做的。我这是为社稷着想，为大魏臣民着想的，希望你们也不要仅仅考虑到某个人的生死，而不顾及国家的安危。”于是，这条不成文的规定就在北魏沿用下来，直到100年后的孝文帝时才被取消。

拓跋嗣因为自己被立为太子，反使母亲惨遭杀害，精神上受到很大刺激。他昼夜啼哭，不肯吃饭，也不肯睡觉，直到刘夫人安葬后，仍然啼哭不止。拓跋珪知道后非常生气，派人去召拓跋嗣，准备狠狠打他一顿。拓跋嗣因为伤心过度，早已置生死于度外，而且他是纯孝之人，所以并不犹豫，马上就要去见拓跋珪。左右侍从急忙拉住他，劝他说：“如果殿下是真孝顺，就应该替皇帝想想后果。俗话说，孝子对待父亲的打骂，小打接受，大打则逃跑。现在皇帝盛怒之下，谁知会做出什么事来！纵然殿下不怕死，但皇帝真打死了殿下，天下人都会责备他，说他不慈爱。难道殿下愿意自己的父亲背上这种坏名声吗？依我们看，殿下不如先躲出去，等皇帝息了怒，再回来赔罪不迟。”拓跋嗣听了，觉得很有道理，就微服逃走了。

太子逃走后，拓跋珪心情很不好。他失去了结发妻子刘夫人，又失去了心爱的儿子，使他心里罩上了一层阴影。拓跋珪这时还不到 40 岁，按说，正是年富力强之时，但因为种种原因，他已未老先衰了。

首先，拓跋珪平日在女色上花费精力很多，身体搞得很虚弱。另外，拓跋珪信奉道教，使他大脑受到严重伤害。道教讲究炼丹吃药，说吃了药可以长生不老，因此，迷惑了许多人。几年前，拓跋珪听信了术士的欺骗，召来一帮人，专门给他炼丹配药，当时最时兴吃的是一种五石散，又称寒食散，是用五种石头做成的。这种药吃起来很费事，必须有许多辅助措施，否则就会发毒伤人，让人变得心情烦躁。魏国宫廷里有一位名医阴羌，善于指导吃药，所以一直没有出什么大问题。后来阴羌老死了，拓跋珪失去指导，药性开始侵入身体，损坏了他的大脑，脾气变得烦躁不安、多疑善怒。偏偏这时国中又屡屡出事，三天两头有坏消息报来，不是闹灾异，就是闹饥荒，再么这里有人叛逃了，那里又有人造反了，加上刘夫人已被赐死，爱子又不知去向，拓跋珪很快就精神失常了。他有时几天不吃不睡，呆坐或者呆立着；有时大骂臣下，说他们狼心狗肺，要反对自己；有时突然回忆起 30 年来的成败得失，又哭又笑；有时又成夜成夜地高谈阔论，好像与鬼物争辩。遇到他火气来时，随便就要杀人：颜色异常的要杀，喘息不定的要杀，行走速度不均匀的要杀，说话用词欠妥当也要杀，而且是他自己动手杀死，杀死后就摆在天安殿前，任尸体腐烂发臭。这样搞得朝野人心惶惶，谁都不敢出头露面，唯恐稍有不慎招来横祸。

不久，拓跋珪的另一个儿子结束了这种恐怖的气氛。

这个儿子叫拓跋绍，是个凶狠残暴的人。

拓跋绍的母亲姓贺，是拓跋珪母亲贺太后的亲妹妹，也就是说，拓跋珪娶了自己的小姨作为自己的妻妾。

这种不论辈分的婚姻在封建社会前期并不少见。如汉高祖的儿子刘盈娶的就是自己姐姐的女儿，即自己的外甥女，何况少数民族宫廷更不讲究辈分的。

拓跋珪是在一次去贺兰部时结识的贺氏。以前，拓跋珪也见过贺氏，但那时贺氏还小，并不出色，这次见到时，她已经十八九岁了，出落得一表人才，好像草原上的一颗珍珠，艳丽动人，使拓跋珪一见倾心。他立刻去求母亲贺太后，要求把贺氏归为己有。贺太后却说："女人太美丽了不好，而且，她已经有了人家。"拓跋珪不肯放手，暗暗派人杀了贺氏的丈夫，然后把她迎进宫中。

不久，贺氏生下一个儿子，取名拓跋绍。拓跋绍与其他兄弟性情截然不同，既不勇武，又不聪慧，生就一副凶狠险悖的样子，每天像个无赖汉，在街巷上游来荡去，并且养了一伙地痞流氓，专门打劫行人的财物，捉杀百姓的猪犬，然后聚在一起混吃混喝，俨然是京城一霸。因为是皇子，谁也不敢来管。后来，拓跋绍闹出了人命，传到拓跋珪耳中，把他气得火冒三丈。拓跋珪亲自动手，狠狠抽了拓跋绍一顿鞭子，然后把他的双脚捆住，倒吊在井里，准备把他吊死。拓跋绍是个不怕死的无赖，任凭拓跋珪怎么打、怎么吊，都不讨饶。倒是贺氏哭得死去活来，百般哀求，直到叩头流血，拓跋珪才软了心肠。他看看拓跋绍吊得快死了，料想他今后也该接受教训了，才把他提了出来。经过这次教训，拓跋绍表面上老实了许多，但心里却对父亲异常仇恨，从此不再与父亲主动说话。

拓跋珪精神失常后，随便打人杀人。这一天，不知为了什么事情，偶然来到后宫，看见贺氏，觉得不顺眼，就狠狠打了一顿，并叫人关起来，说：叫她活不过今天。但一会儿，拓跋珪吃了晚饭，又把这件事忘了。

贺氏本来只等一死了，但天黑了还未见拓跋珪动手，又萌生了活命的希望。她偷偷叫侍从找来拓跋绍，让他想办法救自己。拓跋绍早就痛恨父亲，恨不得让父亲立刻就死，好报当日吊打之仇。而且，他知道哥哥逃跑没有下落，如果父亲死了，乘这机会自己还有登基做皇帝的可能。机会太难得了！拓跋绍连夜找了几个心腹宦官，冲进寝殿，把拓跋珪杀了。

拓跋珪，这个英雄一世的天之骄子，被杀时却没有一个人前来相救。侍从们都害怕他的疯病发作，天刚黑能找到借口躲开的早躲开了，躲不开的几个也巴不得这个疯子早日归天，所以见到作乱者闯入时，都一哄而散了。

拓跋珪在位 23 年，死的时候，才 39 岁。不久，拓跋嗣听说父亲被杀，马上回到京城。他得到臣民百姓的一致拥戴，登基继承帝位。不久，拓跋绍与贺氏被捉住赐死。这时，拓跋嗣才 16 岁，恰恰与他父亲重举代国大旗时一样年龄。

独眼方山顶上的冯太后

山西省大同市北边五十多里处，有一座两川夹绕的高山，苍劲雄伟，庄严肃穆，从大同开往呼和浩特的火车正好沿山的西麓往北驶去。从车厢内望这座山，山顶像一条青龙的脊背，黑森森延伸近十里长。脊背旁伸出几支坡脉，起伏蜿蜒，好像龙的脚爪；在脊背的尽头，山顶斜缓下来，插入另一些黄色的土山之中，好像一条龙尾。那么，火车北行时最先看到的部分，可以算作这条青龙的龙头了。

如果读者有兴，可以从龙头或左右龙腰处攀上山顶，那么，你会惊奇地发现，原来这是一座平顶山，山顶是一片耕地，东西宽四五里，南北长竟有近十里。放眼望去，东、北、西三面环绕的全是一座座的平顶山，山顶黄绿相间，种有玉米、高粱。再远处的北边，则是一条尖顶山脉，那是内蒙古境内的阴山山脉，好像一道天然屏障，矗立在天边。

这座平顶山就是北魏历史上有名的方山，是北魏国都平城北边的一座名山。山前有一座清池，名为灵泉池，当年池边建有豪华的宫殿。暑天时，帝后及王公贵族们常来池边游玩、避暑；春秋两季，天气温和，他们常常登上方山顶，眺望山川，欣赏景致。北魏的君主多信奉佛教，他们在方山上建有佛寺、石窟寺，常常来这里拜佛祈福。

1500 年后的今天，灵泉池边及方山顶上的楼台馆舍、佛寺殿堂早已遗迹无存了，但方山顶上还有两座庞大的建筑物巍然屹立，标志着北魏王朝当年的鼎盛和繁荣。

这是两座巨大的陵墓的封土堆，相距一里左右。靠西南的一座稍高大些，是北魏冯太后的寿陵，名永固陵。靠东北的是一座虚宫，名万年堂，是冯太后的孙子北魏孝文帝拓跋宏为自己建造的陵墓。他本来立志死后葬在这里，千秋万代陪伴着自己的祖母，但后来他又决意迁都洛阳，万年堂一直没有使用，所以称作虚宫。

永固陵的主人冯太后是北魏历史上杰出的女政治家，在中国古代所有女性政治家中，可称为佼佼者。她主持制定的俸禄、均田、三长三制，为北方经济的发展、政治的巩固起了很大作用，为后来隋唐盛世的经济政治制度奠定了基础；她本人的临朝称制，也为后来胡太后的把持朝政、武则天的自立为帝提供了实践依据。

冯太后是北魏文成帝拓跋濬的皇后。她出身于官宦家庭，父亲做过秦、雍二州刺史，母亲血统也很高贵。冯太后的姑姑曾被选入魏宫，封为左昭仪，受到皇帝宠爱。

按说，冯太后的幼年应该是很幸福的，但事情并不如此。冯太后很小时，父亲犯了罪，被朝廷处死，她的家被抄了，家属被分配给王公贵族，成为他们的婢仆。冯太后因长得端庄秀丽，仪容大方，被收入宫中。魏国皇宫中有许多这种女孩子，她们长大后，如果被皇帝看中了，可以作为姬妾，否则就一辈子作为宫人，情同婢仆，侍奉主子。冯太后有姑母冯昭仪的照顾，境遇还不算坏。冯昭仪教她读书学礼，稍稍长大后，又亲自推荐给皇孙拓跋濬。

拓跋濬的父亲拓跋晃早死。所以，拓跋濬十三四岁时就当了皇帝。即位时，冯太后被封为贵人，几年后，又被册封为皇后。

拓跋濬的祖父太武帝拓跋焘当政时，是北魏最强盛的时期。他翦灭群雄，统一了北方，还曾跃马长江，与南朝刘宋抗衡。但由于连年战争，给北方人民带来沉重负担，所以，拓跋焘去世时，北方政局不大稳定。拓跋濬即位后，听从一批政治家的指导，采取与民休息的方针，发展经济，结好四邻，使社会重新走向安定、繁荣。可惜拓跋濬寿命不长，26 岁就去世了，继位的是拓跋濬的长子魏献文帝拓跋弘。拓跋弘继位时，皇后冯氏被尊为太后，当时她刚刚20岁出头。

前面讲过，北魏的规矩是每立太子先杀其母。拓跋弘不是冯太后的儿子，冯太后可能也没有生过子女。

拓跋弘即位时只有12岁，还不能管理国家大事，所以由精明强干、智略过人的冯太后临朝称制。“临朝称制”就是亲自过问国家大事并亲自下旨的意思。冯太后处理起事情来能考虑到各方面的利益，兼听各方面的意见，并且敢于决断，平时注意安抚各方面的人士，团结各阶层力量。因此，她的威信很高，得到大家的拥戴。

这样过了3年，拓跋弘有了儿子拓跋宏。冯太后认为拓跋弘已经十四五岁了，可以在大臣们辅佐下管理国家大事了，她觉得自己累了几年，也该休息休息了。于是，她把政权还给拓跋弘，自己回到后宫去当太后，一心一意地抚养孙子。

拓跋濬和拓跋弘得儿子都很早，都在14岁左右，所以，冯太后虽然做了祖母，其实只有25岁。这样年轻的一位女子，正是青春焕发、精力充沛之时，加上她几个婆婆都已经去世，宫中、国中唯她独尊，因此不免做出一些风流韵事来。这事引起了拓跋弘的不满，他为太后的行为感到耻辱。后来，拓跋弘借机把冯太后的情人处死了。冯太后知道后气得不得了，从此她与拓跋弘结下了仇。

拓跋弘事后也很后悔，他想到，冯太后虽然不是自己的亲生母亲，但一直对自己像亲生母亲一样。自己有三宫六院，却不能容守寡的母亲有一个情夫，这也太绝情了。他几次想讨太后欢心，但太后再不肯给他露出一点笑意了。

拓跋弘 19 岁时，把皇位让给了儿子拓跋宏，自己当了太上皇。这样年纪轻轻的太上皇，在中国历史上可能是空前绝后的。对这件事情，曾有过各种说法：有的说，拓跋弘好黄老浮屠之学[①]，不喜欢富贵，想脱离尘世，专心修道；有的说，拓跋弘为了摆脱政事，能更集中精力与南朝作战。这两种说法都不能令人信服：说拓跋弘想脱离尘世吧，可他传位后却连年北巡南征，居住宫中时间很少；说他为集中精力作战吧，可不传位也能达到这个目的。另有一种说法，似乎有些道理，那就是拓跋弘与冯太后的关系已经到了非常紧张的地步，拓跋弘是个讲究孝道的人，不愿再惹太后生气，于是把帝位传给太子，由母亲冯太后去辅政，自己则带兵亲征江南。他认为长时间离开皇宫，或者干脆在战场上死去，

① 黄老浮屠之学：黄老之学指道教学说，浮屠之学为佛教学说，黄老浮屠之学即佛道两教学说。

都比天天看太后的脸色、处在难堪的境地中要好多了。

虽然拓跋弘做了最大的让步，但冯太后始终不能原谅他。就在他当了太上皇的第六个年头，冯太后终于找到一个机会，把拓跋弘偷偷毒死了。

拓跋弘死时，拓跋宏才 10 岁，他尊冯太后为太皇太后。

拔跋宏是个聪明乖巧的孩子，不管大事小情，他从不自己处理，一切听从冯太后裁决。因此，直到冯太后去世的 14 年间，冯太后的政治才华得到了充分的发挥。

冯太后是个遇事果断的人，敢想、敢说、敢做，俸禄、均田、三长三制制定时，曾遭到一批汉人官僚的反对，冯太后力排众议，确定了这三个意义重大的制度。冯太后又很能用人，只要有一点长处，她都加以擢用，所以很多出身微贱而确有本领的人，都得到了重要职务，发挥了自己的才干。对一些德高望重的人，或一些鲜卑元老，她加意抚慰，让他们心满意足，挑不出毛病。所以，在她统治的一二十年里，政局基本是稳定的。

冯太后心胸并不狭窄，一般也不爱记仇。有一次，厨师进晚粥，不知怎么，掉进了一个大蛐蜒。太后刚舀起第一勺，就发觉了，吓了一大跳。一贯以纯孝著称的拓跋宏正在旁边侍奉，看到后大怒，喝令卫士马上把厨师推出斩首，而冯太后笑着制止了，吩咐把吓得半死的厨师放了。冯太后有时脾气也很急躁，小不如意，便喝令打人，一打就是几十鞭子，但她往往第二天就忘了，待之如初。有时又过意不去，加官赐物以安慰对方。大家知道太后的脾气，都很拥护她，即使受了委屈也不肯离去。

冯太后的胸怀也不是她前后的后妃们所能比拟的。她最喜欢登临方山远眺，一次，她与拓跋宏同登方山顶上，顾瞻远近山川，不禁感慨万分。她对群臣说："当年虞舜葬在苍梧，娥皇、女英二位妃子并没有陪葬。何必一定要葬在皇陵中才显得富贵呢！我死了之后，不要把我送回祖陵，把我安葬在方山顶上，最合我的心意了！"于是，拓跋宏建造了方山顶上这两个陵墓。

太和十四年（490 年），冯太后去世，她的遗体被抬过灵泉池，抬上方山顶，安放在这个高高的封土堆下的石室中。1500 多年过去了，一年又一年的蒙古草原上的风吹过山顶，这两座封土堆一点儿没有减低。虽然沧海桑田，人间几经翻覆，但登上方山顶，站在永固石室前，冯太后的英雄气概仍然令人缅怀不已。

魏孝文帝的惨淡生涯

魏孝文帝元宏（即上个故事中的拓跋宏）是北魏历史上又一个著名君主。他在位的28年中，北魏实行了一系列政治、经济改革，其中一些是冯太后执政时实行的，还有一些是元宏亲政后实行的，如改鲜卑姓为汉姓（拓跋氏就是这时改为元氏的）、改革服饰、改革音声、迁都洛阳、制礼作乐、分明姓族，等等。这些改革被后世称为文治。因此，一些热衷于礼乐的封建史家非常推崇元宏，称他为文治的楷模。

元宏的道德品质是很“好”的，基本上符合封建君主的最高标准，仁、义、礼、智、信他都力求做到，效果好不好姑且不论，最少他的出发点是符合封建准则的。

然而，元宏辛辛苦苦一生，结局却是一场悲剧。尤其他的个人生活，是惨淡而不幸的，接二连三的精神打击，使他身心受到严重损害，以致33岁的年纪就离开了人间。

元宏4岁失去了生母，他的生母李氏是他被立为太子时依旧制赐死的；元宏10岁时，父亲又被祖母冯太后毒死。此后，元宏就在冯太后的抚育下生活及从政。冯太后虽然是杰出的女政治家，但元宏不是她的亲生子女，她自己也不曾生育过子女，因此，元宏从她那里不可能得到真正的母爱。虽然元宏从小就很懂事，很乖巧，但冯太后还是责打过他，曾把他关在空屋子里挨冻受饿，还差点废掉他。

元宏稍稍长大后非常孝顺，与冯太后的关系搞得很好。由于他小心谨慎，所以没有再出什么岔子。但直到冯太后去世，他都不知道自己的生母是谁。

元宏的爱情生活也是很不幸的。

元宏少年时，与一位林姓宫人发生了爱情。林氏遭遇与冯太后相似，也是因父亲犯罪被诛收入宫中的。林氏美丽温柔，元宏很喜爱她。不久，林氏为元宏生了个儿子，取名元恂。因为元恂将被立为太子，依照旧制林氏应被赐死。元宏是个仁慈的人，不愿意林氏惨死，但他又不敢违抗太后的旨意，最后，还是眼睁睁看着心爱的人离开了人间。

除林氏外，元宏还有三个冯姓妻妾。

原来，冯太后被抄家时，她的哥哥冯熙流亡在河洛一带，多年音讯不通。冯太后做了太后之后，找到了哥哥，把他迎回长安，为他娶了自己的小姑子博陵长公主，并封他侍中、太师、中书监、领秘书事等大官。冯太后为了冯家的富贵兴盛，先后把冯熙的 3 个女儿嫁给元宏。

按辈分，冯熙的女儿是元宏的表姨，但她们岁数与元宏相仿。一开始进宫的是两个妾生的女儿，其中一个不久就去世了。另一个母亲姓常，常氏出身微贱，因为妩媚动人、善于察言观色、伶俐乖巧，很得冯熙喜爱，后来公主去世，就由常氏主管家政。常氏的女儿冯氏容貌、性情、举止都很像母亲，进宫后，很快就得到元宏的宠爱。两个人花前月下，卿卿我我，非常投缘。但不久，冯氏得了慢性病，冯太后怕影响元宏的健康，把她送回家去做了尼姑。小夫妻分离时异常悲痛。但元宏从不违抗太后的旨意，他送走了冯氏，常常派人去探望、慰问，有时还送去些东西，以示怀念。

冯氏回去后，冯太后又把冯熙的一个小女儿接进宫中，这个小女儿是公主的女儿，身份高贵，从小受到良好的宫廷教育。她端庄谨严、不苟言笑，不像姐姐那样惯会迷人，所以元宏对她虽然敬爱，但不如对她姐姐那样亲热。

冯太后去世后，元宏坚持了三年的丧礼。元宏执礼是很认真的，这三年里，他不与任何女性接触。三年终丧后，大臣请立皇后，元宏感念冯家的恩惠，把冯熙的小女儿立为皇后，主管六宫。

不久，元宏开始施展自己的政治抱负，把国都定在洛阳。随后元宏又亲自率军南征，冯皇后则率领后宫姬妾迁到了洛阳。元宏感激冯皇后的支持，常常从前线派人送信回来慰问她。

与此同时，元宏听说冯氏身体恢复了健康。说实在的，元宏对冯氏比对冯皇后更为惦念。他对皇后是礼节性的关心，而对冯氏则是一片深深的恋情。很快，他派宦官前去冯家探望，吩咐如果病好了，就马上迎回洛阳。

元宏没有想到，自己殷勤眷恋的冯氏是个轻浮的女子，她在家养病时，不甘寂寞，和家里的侍从发生了关系。她的母亲常氏不但不教育女儿，反而替她遮掩。冯氏看到宦官前来迎接自己回宫，感到很突然，她对情人恋恋不舍，但想起皇宫内的豪华生活和气派，还是选择了宫廷生活。

元宏见到朝思暮想的心上人，想到这几年她归家的寂寞，对她格外疼爱，马上封她为左昭仪。冯氏也拿出往日的手段，极力奉迎，搞得元宏情思绵绵，不能自拔。从此，只要元宏回宫，就径直到冯氏宫中就寝安歇，别说其他宫人，就是冯皇后也难得见面了。

冯氏知道自己已经掌握了元宏，于是渐渐摆起架子来。她认为自己是皇后的姐姐，比皇后早入宫，又是皇帝最宠爱的女子，没有必要向皇后执妾礼。从此，后宫聚会的场合，她总是仰着头、别着脸，和皇后平起平坐。冯皇后虽然性情和淑，但看到冯氏如此无理，也不免生起气来。她俩常常发生小小的口角。打这儿以后，冯氏编了许多皇后的坏话，慢慢向元宏耳中灌输。渐渐地，这位圣明的元宏也受了欺骗，终于下决心废掉了皇后，不久便立冯氏当了皇后。

这之后的几年里，元宏是在紧张的战争生活中度过的。他三次率军南伐，在宫中时间很少。冯氏耐不住寂寞，不禁又犯了老毛病。

魏宫中有一位宦官，名叫高菩萨。高菩萨雄壮有力，仪表堂堂，是靠欺骗手段蒙混进宫的，其实仍是个男子。他爱冯氏的妩媚，冯氏也爱他的雄壮，没多久二人就勾搭上了，而且如胶似漆，难舍难分。高菩萨很有些笼络人的本领，他手下一批人被他笼络住，甘心给他卖命、充当爪牙。所以，尽管冯氏的丑事宫中人人皆知，但无人敢去查问或报告。冯氏也在自己周围培植了一批私党，互相勾结，表里为奸。所以，虽然后来渐渐传到宗室人员耳中，但仍然无人敢管。

不久，由于一件意外的纠纷，元宏才知道了冯氏的不贞。事情是这样发生的：

元宏有一个妹妹彭城公主，嫁给宋王刘昶的儿子，婚后不久，丈夫去世，公主年纪轻轻当了寡妇。彭城公主是魏国宫中最美丽的一位公主，难免引起王孙公子们的觊觎。当时，京城最有权势的是冯熙的儿子、冯氏的同母弟、北平公冯夙。冯夙一心想得到彭城公主，三番两次去求姐姐帮忙。冯氏自己不好出面，转求元宏，元宏很痛快地答应了。想不到彭城公主是个有情有义的女子，她与死去的丈夫情分很深，不愿马上嫁人，而且就是嫁人，也不愿嫁给冯夙这种平庸之辈。元宏南征后，冯氏再次去做动员，彭城公主还是不答应。冯氏从来没有碰过这种钉子，于是与冯夙商量，先准备好一切，到时强娶。消息传到彭城公主耳中，她看看自己身单力孤，京城没有可以依靠的人，于是偷偷女扮男装，带上十余名侍婢家僮，乘着轻车，冒着霖雨，昼夜兼程，赶到前线去见哥哥。

公主见到元宏后，痛哭失声。她不但诉说了冯氏与冯夙强迫自己婚嫁的经过，而且把所知的关于冯氏淫乱的事一一端了出来。元宏听说皇后秽乱，惊得呆了，他不敢相信自己那么宠爱，而且对自己那么百般体贴的冯氏会做出这种事情。但他也了解自己的妹妹，知道彭城公主的正派和诚实，相信她说的都是真话。于是，元宏劝彭城公主先随军安顿下来，不要声张，等他回宫后慢慢再查。

婚期到了，不见了彭城公主，冯氏到处打听，知道她投奔元宏去了。这一惊非同小可，冯氏坐立不安，心惊胆战，感到大祸就要临头。她想不出一点办法，只得找来母亲常氏商量。到底常氏是见过世面的女人，她马上去找女巫，请她们施法术，诅咒元宏快快病倒。常氏向女巫许愿说，如果元宏能尽快归天，让冯氏像冯太后那样临朝称制，则倾家荡产供奉神主。

元宏很快地回师向北，冯氏越发恐慌，她派了几个心腹宦官以慰问为名，前去探听皇帝是否已经知情，但其中一个小宦官把事情如实禀告了元宏。元宏回到洛阳后，马上逮捕了高菩萨等为首的几个人。在皇帝面前，他无可辩驳，一一招认了。

多少天来的疑问证实了，元宏也因此受到了强烈的刺激。他回想起从前与冯氏的你亲我爱，不禁肝肠寸断，又想起被自己一时糊涂废掉的冯皇后，更如万箭穿心。元宏病倒了。

当天晚上，元宏躺在含温室的床上，命人把高菩萨等人带到门外站成一排，又派人把冯氏叫来。进门的时候，他指示宦官搜检冯氏身上，如果有一寸长的刀子，就马上杀死。白天，冯氏得知高菩萨被捉，已经料到事情败露。这时见到元宏，立刻拜倒在地，磕了无数响头，一再请求恕罪。

元宏到底是心软的人，他命令赐冯氏坐，但只能坐在东窗前，离御榻二丈远。他命令把高菩萨等人带进来一一招供，然后指责冯氏说：“你母亲有妖术，你要好好交待！”冯氏的脸腾地红到耳根，她请求屏退左右，一个人密启。元宏答应了她的请求，只留下长秋卿白整在室中，拄刀侍立。但是冯氏仍然不说，元宏只好用棉花堵住白整的耳朵，自己小声叫了几次，确信他已经听不见后，才让冯氏招供。冯氏的话只有元宏一人听见，所以，冯氏到底招供了什么，她到底与常氏搞了些什么阴谋，没有人知道。

招供完，元宏把弟弟彭城王元勰、北海王元详叫了进来，请他们坐下，喘吁吁地对他们说：“这个女人原来是你们的嫂嫂，现在是毫无瓜葛的路人！她竟然想用白刀子插在我的肋上，多么狠毒！”他悔恨地述说了自己以前由于失察所犯的种种过失，并说：“冯太后对我们兄弟有恩。我已经废了一个冯家女子，不能再废第二个了，让这女人在宫中一人闷坐吧，如果她有良心，会自己去死的。你们不要以为我不忍心杀她，我是怕九泉之下的祖母寒心。”

两个弟弟离开后，元宏向冯氏致永诀辞。冯氏痛哭失声，最后不得不回到东房。几天后，元宏打发宦官去问冯氏一件私事，冯氏又羞又恼，骂道：“我是天子的妻子，会对天子亲自说的，用不着你们转达！”元宏知道后大怒，马上命令找来常氏，让她教训自己的女儿。常氏早就因为阴谋败露而羞愧难当，这时更无地自容，她拿起一根棍子，狠狠地打了女儿一顿。

不久，元宏身体好转，再次率军南伐。冯氏的事，因为处理机密，除极少数心腹外，宫中人都不知道，冯氏自己当然也不便说出。所以，虽然冯氏在元宏心里早已死掉，但在后宫妃嫔那里，仍是皇后，待她仍以皇后之礼。

另外，还有一个人被告知不要再去朝谒皇后，这就是太子元恪。

为什么太子不是元恂而变成元恪了呢？这又是一件曾给元宏以沉重打击的事。

元宏迁都洛阳时，曾遭到很多王公大臣的反对，其中反对最厉害的一伙人煽动太子元恂跟他们跑回旧都平城，打算另立政权，与元宏对抗。元恂当时只有 15 岁，头脑不大清楚，并且身体肥胖，害怕河洛地区的暑热，总是留恋北方，于是糊里糊涂地受了利用，干出了背叛父亲的勾当。当时，元宏正在第一次南伐途中，听到消息后极为震惊。他马上回到洛阳，亲自杖责被捉回来的儿子，把他废为庶人，后来又把他赐死。这之后，才立元恪当了太子。

另外还有一件对元宏打击很大的事。

南伐时，留在洛阳主持国政的两位大臣李冲、李彪发生了激烈的争吵。李冲是冯太后的恋人，元宏对他非常尊敬，待以父辈之礼。在这次争吵中，李冲怨气冲天，一反以前温文尔雅的君子风度。他高声喊叫，拍案捋袖，好像疯了一般。几天后，李冲愤怒而死。元宏在南伐途中，听到李冲的死讯，已经非常悲痛，又听说死得如此悲惨，更加感伤不已。精神上接二连三受到沉重打击，加上连年的劳顿、南伐的不顺，都使元宏的病一天重似一天，最后，元宏病死在南伐途中。

元宏临死前，对自己最信任的弟弟元勰说："皇后早就罪大恶极，如果不除掉，恐怕今后没人再能制服她。我死之后，你们可以拿着我的诏令，赐她自尽，然后用皇后的礼节安葬她，千万不要坏了冯家的名声。"

就这样，一个年轻有为的君主，经过了 30 多年的惨淡生涯，在一连串的打击下，离开了人世。他死后，他的弟弟遵照旨意毒死了冯氏，并按皇后礼安葬了她。而那个先被遗弃的废冯皇后，已经出家多年，心如槁木了。她对一切尘世之事不再感兴趣，听到皇帝、皇后的死讯，只是淡淡一笑，没说一句话。

皇帝忽然变皇女

北魏末年，曾经出了一件怪事。

武泰元年（528 年）二月的一天，皇帝元诩（魏孝明帝）忽然得暴病死去。第二天，由太后宣布，立刚出生一个多月的皇子为帝。没过几天，太后又下诏说，前些日子立的不是皇子而是皇女，皇女不能继承大统，现在改立别的亲王为帝。皇帝忽然变成皇女，真是开天辟地以来的奇闻，天下人听说后，无不愕然。

为什么会出现这种怪事呢？这还须从北魏胡太后谈起。

胡太后是孝文帝元宏的儿媳、宣武帝元恪的妾。她的一生是富有戏剧性的。

北魏从元宏开始，盛行佛教，皇帝经常请一些道行高深的僧尼来讲道，有时候皇帝也自己开讲。当时，洛阳城内有个姓胡的尼姑，口才很好，善于宣扬佛法。元恪初年，宫中常常请她入宫讲道，久而久之，她与宫中的宫女、宦官都混得很熟。

胡尼有个侄女，美丽聪慧，乖巧大方，能讨全家人欢喜。胡尼是个好巴结的女人，很想与皇家拉上关系，借以提高自己的地位。于是，她抓住了几个不同的时机，对几个不同的关键人物暗示自己有个美如天仙的侄女，并描述她如何如何可爱。消息传到元恪耳中，引起他的好奇。终于有一天，元恪宣召胡氏入宫来见。元恪一见钟情，胡氏很快被封为承华世妇①，经常得到皇帝偷偷临顾的荣幸，不久就怀孕了。

当时的魏宫里，还没有皇子。这并不是元恪不能生育，元恪先后有过两个皇后，各为他生过一个儿子，但很小就夭折了。胡氏怀孕时，元恪已经 27 岁了，年近 30，才有得子的希望，自然非常重视，他常偷偷地去照顾胡氏。

贵为天子，为什么有些事要偷偷地干呢？原来，当时的皇后姓高，是个嫉妒心很强的女人，最不能容忍皇帝与别的女人接近，如果知道皇帝临幸了哪位妃嫔，必定要大吵大闹，搞得后宫不宁；如果知道哪位妃嫔怀了孕，更要千方百计把人害死或赶走。因此，元恪和众妃嫔都非常怕她。

每立太子先杀其母的野蛮规定，在元宏当政后曾被取消，但没有正式从宫规中废除。所以，当时宫中的妃嫔仍像从前那样，都愿意生诸王、公主，而不愿生

① 承华世妇：妃嫔的称号。

太子。

胡氏的见识偏偏不同，她看到众人祷告千万勿生太子时，总是谴责她们说："天子哪能没有儿子！你们怎能那么自私，只顾个人的生死而不顾国家的前途。"胡氏也经常祷告，她的祷词是："天子还没有儿子，如果上苍能赐我儿子，并让他当上太子，我万死不辞！"

后来，胡氏果然生了儿子，取名元诩。元恪因为前几个儿子都夭折了，这回非常小心，他亲自选择了最稳妥的保姆，把孩子养在别的宫里，不管是皇后还是胡氏，都不许见面。

元恪 33 岁时去世了，太子元诩登基做了皇帝。他的母亲胡氏被尊为太妃，后来，又被尊为太后。

母以子贵，这时的胡太后已无人敢加害。她凭着自己的政治手腕，掌握了朝内外大权，厉害的高氏败在了她的手下。虽然高氏也被尊为太后，但不久就被排挤到金墉城内的瑶光寺做尼姑去了，除大节庆外，高太后是不准入宫的。

元诩登基的第三年，高太后回家觐见母亲武邑君。正在这时，太史报告说天文有变，将不利于后妃。胡太后怕灾祸应在自己身上，就派人毒死了高太后。高太后死后，胡太后除掉了一块心病，开始无所顾忌、为所欲为起来。

胡太后最喜欢干的事，是显示自己的权力和才能。

元诩刚登基时，就由胡太后临朝称制，百官奏事称太后为殿下，太后发指示称为令。高太后一死，胡太后干脆改令为诏，改殿下为陛下，自称为朕，俨然以皇帝自居了。

胡太后不满足于每天端坐在御座上听朝臣奏事，她还想尝尝祭祀祖先的乐趣。封建社会中，人们把祭祀祖先作为一切礼中最重要的礼，规定只能由男子进行，女人不得参与。胡太后的想法已超过了封建礼仪许可的限度，礼官、博士们经过反复讨论之后，觉得不可行。但胡太后不肯罢休，她表示可以在现场设一个布幔子，自己躲在布幔中观看三公行事。为了找到理论根据，她又请教了最博学、最有威望的大臣侍中崔光。崔光想讨好太后，遍查了典书，举出汉代某皇后曾亲自祭祀的例子，来说明妇女并非不能参加祭祀。胡太后大喜，给了崔光很多赏赐，并亲自参加了初祀。

元恪的亲生母亲高氏，是被孝文帝元宏的继皇后冯氏毒死的。元恪登基后，追认她为孝文昭皇后。元诩登基后，商议改葬高氏。按传统规矩，葬礼中应该由高氏的嫡孙元诩作为丧主，主持葬礼，但胡太后偏有新鲜主意，决定自己做丧主，来改葬婆婆。她不听大臣们的劝告，从送葬终宁陵，到祭奠，到哭殿，都亲自主持。对这种旷古未有的奇举，百官有的摇头，有的窃笑，当然也有赞美的。对赞美的人，胡太后都给予赏赐。

胡太后的箭法非常好，她不肯埋没自己的才能，经常在群臣及侍从面前炫耀。

有一次，胡太后驾幸西林园法流堂，堂前是一个练兵场。看到练兵场上的靶位，胡太后非常兴奋，手心直痒痒。她命令侍臣们赛射，会射的要射，不会射的也要射，以射中多少决定赏罚。最后，胡太后命人在靶位上立了一根针，针孔朝上，她亲自引弓搭箭，一箭射去，正中针孔。侍从们未见过太后射箭，更未想到太后的箭法如此高超，一齐叫起好来。胡太后非常得意，高兴之下，叫管库官抱了许多布帛来，重赏左右。

还有一次，胡太后临幸阙口温水，登上鸡头山，忽然又射兴大发。她先让随从的文武百官赛射。末了，自己拔下一根象牙簪，令文武百官射。大家知道太后想炫耀自己，谁也不敢射中。最后胡太后亲自引射，一箭就射中了，随从的文武百官一齐山呼万岁。这一次，胡太后更为得意，她专门派了一个侍臣，高举着象牙簪及箭，跑马山上山下，遍示群臣。

胡太后还很爱登山。有一回，她决定登嵩高山祭神。嵩高山即中岳嵩山，很高很陡，就是坐轿子，也前俯后仰，非常劳累。而且，这种登山祭神的活动也是由男子进行的，女人一般是不许参加的。这次因为太后带头，谁敢不去？于是，宫中的夫人、九嫔、公主等几百人，只得强打精神，跟着登山。看到这么多妇女随行，胡太后非常高兴。

此外，亲自坐上申讼车，出宫采纳冤讼；亲自在朝堂上策孝廉、秀才，评议官吏政绩；亲自主持朝宴，组织朝臣赋诗，等等，都是胡太后喜欢干的事情。胡太后还喜欢别出心裁地搞一些有趣的活动。

有一次，胡太后带领100多名王公、嫔妃、公主等临幸左藏。左藏是国家贮放财物的仓库，库中堆积着成千上万匹上等布、绢。胡太后看见这么多布绢，非常高兴，忽然想出一个有趣的决定。她让大家比赛背布绢，谁能背多少，就赐给谁多少。大家听到这个命令，高兴极了，也不顾是否有失体面，各自拣好的背，你争我夺，纷纷扰扰，最多的竟背了200多匹，少的也背了100多匹。只有两人与众不同：长乐公主只拿了20匹，侍中崔光只拿了两匹。胡太后问他们为什么不多拿，长乐公主说："拿多了背不动，不拿又会引起别人不高兴，所以少拿点。"崔光说："臣只有两只手，只能拿两匹。"胡太后听了大为赞赏。而陈留公李崇、章武王元融非常贪心，唯恐自己吃亏，所以拼命多背，结果都摔在地上，一个把腰扭了，一个把脚崴了。胡太后骂他们没出息，命令手下把二人的绢布全部没收，让他们空着手出去。这一次，长乐公主、崔光得了谦廉的美名，而李崇、元融被人们讥笑为贪财的人。

胡太后如此好玩、好事、风流、多才，自然也很多情。当时的太尉、侍中是元怿。他是皇帝的叔叔，胡太后的小叔子，是个相貌堂堂的男子，而且善于言谈，很有政治才能。元怿当时30岁，与胡太后年纪相仿，由于一起从政，并常常侍宴、伴游，与胡太后接触很多。胡太后青年守寡，非常渴望爱情生活。她爱上了元怿，对他格外关心，并赐给他许多珍宝。开始时，元怿并不在意，时间长了，觉出了其中的味道，开始小心谨慎起来。但胡太后是个不达目的决不罢休的女子，她像着了魔似的不可忍耐，终于用强迫手段，迫使元怿服从了自己。这之后，不管是宴会中，还是路途上，胡太后公然与元怿亲亲热热，如同夫妻一般。不久，传得宫内外尽人皆知。

当时，朝中有一个侍中，叫元叉，是胡太后的妹夫，总领禁兵。元叉是个胡作非为的宗室子弟，因为经常受到元怿的惩治，对元怿充满怨恨。恰巧宫中有一个宦官刘腾，也与元怿有仇，于是，元叉与刘腾密谋除掉元怿。他们买通了一个管炊事的宦官去向元诩告密，说元怿让他毒死皇帝，准备自己登基。元诩当时只有11

岁，不辨真假，听信了这种谎言。于是，有一次，趁太后在后殿、元诩在前殿的时候，元叉、刘腾隔断了内外，把元怿捉住论罪，强迫百官签名同意，杀死了元怿。从此，元叉、刘腾挟持了小皇帝元诩，他们想干什么，就以皇帝的名义发布诏令，天下人不敢不从。

很快，由元诩宣布了一个元叉、刘腾起草的太后退位诏书，颁示天下。这样，胡太后失去了一切权力，被幽禁在北宫宣光殿里，紧闭宫门，严加防守，禁止她与元诩见面。从此，元叉、刘腾二人勾结起来，元叉作为外御，刘腾作为内防，朝内外大小事情，无不取决于二人。胡太后到了这种地步，不但失去游玩的机会，连饭食都只能从门洞中传递。一个威震内外的皇太后变成了一个可怜的阶下囚。

魏宫中有个侍卫官，名叫奚康生。奚康生在上次宫廷政变中，与元叉、刘腾是一伙。后来，他与元叉发生了矛盾，二人心里都很不安，唯恐对方陷害自己。

有一天，元叉带着元诩率领文武百官朝见胡太后，在西林园举行宴会。酒足饭饱之后，大家各献技艺，以博众乐。献艺时，奚康生来了一个力士舞，前后进退，左右折旋，每当面对太后时，他都举起手来，用脚顿地，张大眼睛，或微微点头，暗示应该捉住元叉等杀掉。胡太后马上明白了他的意思，但因为自己处于监禁之中，不敢作出任何表示。一会儿，天快黑了，太后站起身来，乘机拉住元诩的手，让他随自己一同回北宫过夜。元诩长时间离开母亲，也渴望和母亲聚会，于是起身跟随。元叉的爪牙见状不妙，马上说："皇帝已经见过太后，应该回南宫了，没有必要去北宫过夜。"奚康生厉声说："皇帝是太后的亲生儿子，随太后去哪儿都可以，用不着向谁请示!"文武百官吓得不敢出声。胡太后拉着元诩的胳膊，回北宫去了，侍从们跟在后面。这时，奚康生非常兴奋，高呼万岁。看见胡太后拉着元诩走了，元叉才明白过来，他指挥手下一拥而上，挤住殿门。奚康生挥舞大刀，劈死几个挤门者，才安定了局面。不一会儿，元诩随胡太后上了宣光殿，左右侍臣都立在西阶下。奚康生得意扬扬，认为自己建了盖世之功，他趁着酒势，跑到殿外处理事务，结果被元叉拿住，锁了起来。刘腾比较狡猾，派了一个叫贾灿的宦官去骗胡太后，说："侍官们都恐怖不安，陛下应该亲自去安抚一下。"胡太后以为是好意，亲自走下殿去，趁这个机会，贾灿又把元诩抢走，拉到南宫去了。这次劫帝没有成功，胡太后被重新幽禁在宣光殿中，奚康生也被斩首了。

几年后，刘腾死了，对胡太后和元诩的防卫开始松懈下来，元叉也放松了警惕，时常出外游玩不归。胡太后得知这种情况，决定采取宫廷政变，夺回政权。

一天，元叉出去游玩未归。元诩去朝见胡太后。胡太后故意对元诩说："元叉隔绝我母子，不让我们来往，还要我何用！我考虑好了，决定出家，到嵩山闲居寺去修道。"说着，掏出事先准备好的剪刀，就要剪头发。元诩及群臣慌了，赶紧叩头哭泣，苦苦劝说。胡太后沉住气，任他们怎么说都不依。群臣无法，只好劝元诩暂时留在太后这里，慢慢劝说。元诩这时已经稍知人事，就留在了太后身边。他与太后商议了对付元叉的办法。

元叉外出游玩回来了。元诩把太后要出家的经过说了一遍，一边说一边哭，把元叉哄信了。元叉心想，让太后出家也好，省了自己许多麻烦。他劝元诩不必阻拦，可以答应太后出家。此后，元叉更放松了警惕，胡太后渐渐行动自由了许多，可以往来于南北二宫之间了。

不久，太后与丞相元雍设计，逐渐解除了元叉的兵权。随后，又解除了他的官职，禁止他入宫。万事俱备之后，胡太后重新宣布临朝摄政，把元叉削籍为民，最后赐死于家中。

胡太后重新得政后，并没有接受教训，反而比以前更荒唐了。她已年近 40，反而越老越爱打扮，三天两头出去巡游，而且又结识了两个情人，一个叫郑俨，一个叫李神轨。这两个人整天不离太后左右。

胡太后的行为不检，引起朝内外非议。元诩一天天长大了，对太后的行为也渐渐不能忍受。胡太后觉出了儿子的不满，对元诩产生了戒心，元诩信任的人，她都要一一除掉。元诩身边有一个叫蜜多的和尚，会说外国话，经常跟在元诩左右，很受宠信。胡太后怀疑蜜多传递消息，于是派刺客三月三日在城南大巷中把他杀死了。蜜多死后，胡太后一边假惺惺地悬赏捉拿凶手，一边又在宫中杀死一批元诩的亲信。母子之间的矛盾，越来越不可调和了。

孝昌四年（528年），元诩已经19岁了，不是任人摆布的年纪了。这时，郑俨、李神轨担心太后一旦还政，自己肯定倒霉。他们给胡太后出主意，害死元诩，由胡太后再立小皇帝，这样可以长久做太后。

这年，元诩的潘妃生了一个女儿，胡太后假称是儿子，马上下令大赦，并改元武泰。一个月后，胡太后毒死了元诩，立皇女为帝。几天后，太后又下诏改立了另外一个3岁的小皇帝。这就是本篇开头所讲的那段有趣的故事。

堂堂大魏皇宫，竟出现如此荒唐的事情，一时天下惊愕。这件事惹恼了一位少数民族首领尔朱荣。他借着这个题目称兵渡河，直逼洛阳。胡太后慌了手脚，左思右想，无计可施，于是命令宫内妃嫔全部入道，自己也削发当了尼姑。后来，尔朱荣攻破洛阳，俘虏了胡太后与小皇帝。胡太后哭哭啼啼，向尔朱荣分辩事情的原委情由，啰里啰唆，没完没了，引得尔朱荣性起，下令把胡太后及小皇帝一起沉到河里淹死了。

娄氏女慧眼识英雄

北魏末年，发生了六镇士兵的起义。起义中，怀朔镇①人高欢势力逐渐强大，掌握了北魏兵权。后来，他逼迫孝武帝元脩西奔长安，另立了孝静帝元善见，建立了东魏，并执掌东魏政权达 16 年之久。高欢死后，他的儿子高洋代东魏称帝，建立北齐。北齐西与西魏、北周抗衡，南与南朝梁、陈对峙，历六帝 28 年，最后灭于北周。

高欢生当乱世，能够收抚人心，翦灭群雄，建立基业，堪称一代英雄。北齐的 6 位皇帝中，3 个是他的儿子，这在中国历史上，也是不多见的。

这位北齐王朝的奠基者高欢，并非出自名门望族，而是出自一个贫穷的士伍之家。他能登上历史舞台，是和他的结发妻子娄氏的支持、帮助分不开的。

高欢的祖上做过官，因为犯罪被徙居到边镇，到他父亲时家境已经很贫穷了。高欢长大后，相貌堂堂，而

① 怀朔镇：今内蒙古固阳西北。

且深沉大度，侠义豪爽，但因家里穷得连匹马也没有，服役后只能充当一名普通的士兵，做些杂活。

怀朔镇里有一家富户姓娄，家里牛马成群，杂畜遍野。娄家有一个美丽的女儿娄氏。这位娄氏不仅美丽，而且胸有大志，精明强干，是个女中豪杰。镇上许多富贵人家来求婚，都被娄氏拒绝了。她看不起这些阔公子，认为他们庸庸碌碌，徒有其表，不愿跟他们过一辈子无聊的贵妇生活。她发誓要嫁一位英雄。

有一次，娄氏出去游玩，看见城上有一个 20 出头的魁梧男子在那里执役，虽然衣衫寒素，但神态之间，有一股英气。娄氏不觉一见钟情，久久不愿离去。这之后，娄氏常常找借口从那段城墙下经过，每次都要看看这个男子。通过一次次观察，她确认这个男子将来必能成就一番事业。于是她打发自己的婢女去与这个男子联系，得知他名叫高欢，因为家贫，至今未能娶妻。娄氏非常高兴，便准备了一些钱财，偷偷让婢女送给高欢，吩咐他前来求婚。

高欢无意中获得了富家小姐的爱情，简直喜出望外。他见过娄氏的美貌，听说过她的多才，知道她几次拒婚，现在这样一位女子自己找上门来，真令人不可置信。但高欢是个英雄，不是谨小慎微的书呆子，他想了想，结婚对自己只有好处，没有坏处，于是真的去娄府求婚了。

高欢结婚后，娄氏拿出自己的全部嫁妆，帮助高欢创业。高欢先买了一匹马，当上了队主。他是个很有领导才干的人，很快就结交了一批豪杰之士，并笼络了一批士兵。

没多久高欢由队主升为函使，往来于怀朔、洛阳之间，传递信件。在洛阳，他看到政治腐败、军队混乱，知道天下将乱，于是萌发了澄清天下的志向。回到怀朔后，高欢把自己的雄心壮志告诉了娄氏。娄氏非常赞同他的计划，劝他不惜倾家荡产，广结天下英豪。于是高欢结识了一批乱世英雄，这些人后来都成了北方历史舞台上的风云人物。高欢的家成了这批人聚会的中心。只要他们一到，娄氏必定用好酒好饭热情招待，就像接待自己的亲兄弟一样，并和他们一起商讨国家大事。他们都亲切地尊娄氏为大嫂。

在高欢的威望逐渐增长的同时，娄氏还出主意编造了一些故事，让高欢自己广为宣传。高欢对人讲他送信过建兴时，一路上云雾缭绕，雷声隆隆，马奔到哪里，雷声就跟到哪里，好像有天神在护卫。高欢还对人讲，他夜里梦见升入天空，踩着星星行走，等等。怀朔镇人本来就佩服高欢，听说他有天神保佑，有天龙之相，对他越发敬畏。高欢是个爱护部下的人，这些士兵受够了镇将的欺压，巴不得有高欢这样的人作为统帅。于是，怀朔镇里暗暗形成了一种拥戴高欢为主的舆论。

怀朔镇将听到了这种舆论，非常恼怒。他找了个借口，把高欢打了一顿，打得他背上血肉模糊。士兵们把高欢抬回家来的时候，娄氏心痛欲裂，她不惜重金，买来名药，亲自替他敷贴，并且日夜看护，一连几个晚上没有合眼。

杜洛周起义后，高欢带着自己的一伙人投奔了杜洛周，做了一名将领。后来，他看不惯杜洛周的为人，准备杀掉杜洛周自立为主。事情败露后，高欢不得已，带着妻子部下匆匆逃走，投奔葛荣。半路上，他们遭到杜洛周骑兵的追赶，情况非常危急。当时，他们的一子一女都很小，由娄氏抱着儿子高澄、背着女儿骑着牛在前面逃跑，高欢等骑马持枪在后面掩护。追骑迫近时，那牛奔跑起来，5 岁的高澄从牛背上掉下来。高欢心急如焚，不愿为一个孩子伤及大人，他弯弓搭箭要射死自己的儿子。娄氏一见赶紧向一个部下求救，这才救了高澄一命。

后来高欢又离开葛荣，投奔了尔朱荣。一路上饥渴劳顿，九死一生。娄氏亲自烧马粪做饭，并亲手给高欢缝补破靴，使高欢深受感动。

在娄氏的帮助下，高欢终于奠定了自己的基业，废立了北魏皇帝，成为北魏第一号功臣，被授予大丞相、太师的最高职位。对于娄氏的恩情，高欢深深铭刻在心。他知道娄氏的才能，每有军国大事，都要与娄氏商量；每次出征，家中的事，也全交给娄氏照管。

娄氏虽然出自富家，后来又拜为渤海王妃，但她生性节俭，从来不穿华丽的衣服，也不用很多侍从。而且她没有一点嫉妒心理，对高欢的姬妾都很爱护，对她们如同对待自己的姐妹，因此她在家中的威信很高。娄氏为高欢生了六男二女，其中长子高澄、二子高洋、六子高演、九子高湛先后做了高欢的继承人。

然而，高欢是个喜好女色的人。尤其中年以后，他四处作战，俘虏了许多贵族女人，其中有姿色的都被他强行收纳为妾。如战败尔朱兆、攻下邺城后，听说相州长史游京的女儿很美，就强行抢来侍寝；进入洛阳后，又把魏孝庄皇后、建明皇后（即历史上的大小尔朱氏）收为己有；离洛阳回邺城时，又把魏任城王妃冯氏、城阳王妃李氏劫走。另外，还有韩娘、王娘、穆娘等，都是这前后收纳的。

娇姬美妾多了，免不了闹纠纷。为了一个姬妾，高欢差一点忘了娄氏的深恩。

高欢拥元善见迁都邺城后，又得到一个美女，姓郑，名叫大车，原是魏广平王的妃子。郑大车是个风流女子，很会迎合人意，受到高欢的特别宠爱。有一次，高欢亲自领兵出征去了，郑大车在家中非常寂寞。当时，高欢的长子高澄已经14岁了，长得仪表堂堂，既有父亲的魁伟，又有士君子的文雅。郑大车早就爱慕高澄，乘高欢不在家，偷偷与高澄发生了关系。

高欢回来后，一个婢女向他密告了这件事。开始时，高欢不太相信，心想14岁的少年，未必便敢如此。他又询问了其他婢女，有二人证实了此事。于是高欢大怒，把高澄叫来，打了100军杖，幽禁起来。然后，他追查娄氏管教不严的责任，声明从此不再与娄氏见面。当时，高澄已立为世子，高欢一怒之下，准备废掉高澄，再立别的儿子。这一下高澄急了，他知道母亲已被隔绝，即使不隔绝，按母亲的脾气也不会去求告高欢的。于是，他悄悄派人，去向高欢的生死之交司马子如求救。

当时，高欢全家住在晋阳（今太原），司马子如在邺城辅佐东魏皇帝。司马子如得到高澄密信后，非常着急。他知道娄氏及其子女对高家的分量，知道废掉高澄后高家必乱，知道高家乱了则整个东魏政权将失去有力的支柱。于是，他日夜兼程，赶到晋阳，去谒见高欢。

见到高欢后，司马子如佯装不知内情，先谈及国家大事，然后像往常那样请娄大嫂出来相见。高欢看看遮掩不住，只得把憋在心里的闷气一五一十向老朋友倒了出来。想不到司马子如听后哈哈大笑。他一边笑一边摇头，对高欢说：“这也值得生气吗？我的儿子消难，也和我的爱妾通奸，我就不像你这样处理。这是家丑，掩盖还来不及呢，怎么能拿来对证！大哥你忘了大嫂当年对你的好处了？想当年，她多少富家不嫁，嫁给你这个穷兵；她荣华富贵不享，把家财都送给你招纳兵马。你忘了怀朔时她给你治棒伤？忘了并州路上给你补破靴？可以说，没有娄大嫂就没有大哥你的今天！像娄大嫂这样的女人，天下能有几个？你怎能富贵起来就忘了大嫂的深恩呢？再说，大嫂为你生了众多子女，大嫂的兄弟娄领军的功劳无人能比，帮助你建立了基业。这一切也都应算大嫂的功劳。大哥你是顶天立地的男子汉。一个宠姬算得了什么！而且奴婢之言又怎么能相信呢？”

一席话说得高欢如梦初醒，豁然开朗。他重新回忆起娄氏的种种恩情，明白了娄氏母子对高家举足轻重的作用，于是他委托司马子如处理此事。

司马子如先去见高澄，一见面就嘲笑他说：“堂堂男子汉，怎么见到压力就屈服了？”高澄很聪明，马上领悟了话中的意思。他哭着编了一套谎话，说婢女如何诬告，如何诬证，父亲又如何责打自己，因此不得不招供，等等。司马子如马上把做证的两个婢女叫来，威胁了一顿，让她们推翻原证词，说是被告密者买通诬证的。告密者失去了证人，喊冤无门，被迫自杀了。就这样，一场天大的家庭纠纷被轻轻了结了。

司马子如处理好一切后，向高欢报告说："高澄与郑氏的事，纯属奴婢造谣。"高欢听后，心中大喜，因为这样一来，既挽回了自己的脸面，又使他家庭不致破裂。高欢马上举行家宴，答谢司马子如，并让娄氏与高澄出席作陪。娄氏本来因为儿子与郑氏相通，无脸见人，而且惧怕高欢加害高澄。现在听说这段家丑已经化为泡影，大喜过望。她带着儿子，一步一拜，拜上堂来。高欢久已疏远娄氏，自司马子如剖析后又念及旧情，看见娄氏及高澄，不禁热泪盈眶，相对而泣。从此，夫妇父子和好如初。

席间，高欢频频向司马子如敬酒，说："保全我父子者，司马子如也！"他当场送给司马子如黄金 130 斤。席后，高澄又送去良马 50 匹。司马子如带着这些礼物，高高兴兴回邺城去了。

这样又过了八九年，高欢辅佐元善见，国内政局很平稳，但北方柔然与关中西魏关系密切，准备举兵侵犯边境，成为东魏一大隐患。高欢与朝臣商议后，决定采取和亲政策，派使臣前往柔然，为世子高澄求婚。想不到柔然可汗阿那怀说："如果是高王（高欢）自己娶妻，我才把女儿嫁过去!”

高欢听到这种回答，非常为难。当时他已经 50 岁，儿子都已壮年，而且娄氏辅佐他创业有功，怎能抛弃再娶，所以犹豫未决。这件事被娄氏知道了，她马上来见高欢，说：“一切事都应从大局着眼，大王千万不能为妾有所犹豫，妾愿搬到别室，让柔然公主为正。”高澄也来相劝，于是高欢下了决心，迎娶了柔然公主。

柔然公主到时，娄氏果然避出了正室。高欢素知娄氏宽怀大度，但没有想到竟如此谦恭忍让。他非常感动，也非常惭愧，匆匆去见娄氏，向她拜谢。娄氏慌忙还礼，并安慰他说：“快回去吧，公主知道了会生气的。公主的心情好坏能左右柔然与朝廷的关系，非同小可，希望您以后注意，不要再来。”

就这样，娄氏把她的全部心血才智，都贡献给了高欢的事业，贡献给了东魏朝廷。高欢至死，再没有忘记娄氏的恩情。

高欢死后，高澄执政。之后，娄氏的 3 个儿子相继做了皇帝。除最后一个外，其他三人都是娄氏扶立的，都受到娄氏的教诲。北齐太宁二年（562 年），娄氏病死于宫中，死时 62 岁。

文宣帝欲嫁老母

魏晋南北朝时，狂暴昏悖的君主特别多，其中有一位竟狂悖到要出嫁自己的老母，这就是北齐文宣帝高洋。

高洋是北齐开国君主，是高欢的次子，高欢妻娄氏所生。

能够建立国家，必然是一位有为的君主。但高洋小时，和众兄弟比较起来，显得格外迟钝，所以，一直为众人所轻视。

高欢非常喜欢自己的儿子，经常出题目测验他们的优劣。有一次，高欢拿来几团乱丝，让儿子们理，看谁最先找到窍门。他的这些儿子们或手忙脚乱扯来扯去，或仔细观察寻找规律，唯有高洋抽出刀来，把丝斩成几段，一边斩一边说："乱者当斩！"看到高洋如此与众不同，高欢心里暗暗称奇。又一次，高欢让每个儿子带一批人出去巡游，然后布置彭乐率军士假装进攻，准备用这种办法比较一下每个儿子的胆量。这次测验，连高澄这样精明的年轻人都非常惊恐，唯有高洋神色镇定。

他指挥手下与彭乐格斗，彭乐不得已，摘下头盔，露出面目，向他说明真相。但高洋并不理睬，一直到把他们全部捉住，带回去献功。于是高欢越发惊奇，他对手下说："这孩子看起来迟钝，想不到比我还能干！"

实际上，高洋并不迟钝，他的迟钝是故意装出来的。高洋是次子，仅次于高澄，处在这种位置，最容易引起高澄的嫉恨，因此，高洋外表装得很傻，并且时时表露出甘居人下的样子，尤其对高澄的指示，从来没有不顺从的。

高澄的妻子是北魏公主，姓元。高洋的妻子是赵郡李家的女儿，无论相貌举止，都比元氏美多了。高澄看到傻弟弟的妻子比自己的美，心里常常为之不平。高洋很疼爱李氏，常给她做些漂亮的衣服，买些贵重的首饰，高澄常常夺去送给自己的妻子。李氏有时生气不给，高洋就笑着跟她说："这种东西哪儿弄不着，哥哥要，就给他吧！"有时高澄倒不好意思了，不要了，高洋就收回来，从不故意谦让。高洋每次回家，都要关上门窗在家静坐。有时妻子在屋里，他也能一天不讲话。但有时他高兴起来，穿着短衣短裤，光着头和脚，在院里又跑又跳。李氏问他为什么这样，他说："哄你高兴呗！"家里家外人看起来，高洋简直是个没出息的傻子。其实，当时高洋已经暗暗用心了。他不敢习练武艺、锻炼身体，怕哥哥怀疑，所以采取这种方法，达到锻炼意志、增强体质的目的。

高欢死后，年轻的高澄代替父亲执掌了东魏政权。两年后，他被膳奴杀死，死时29岁。高洋比高澄小9岁，当时只有20岁。东魏政权是高家拥立的，一直以高家为靠山，可以说，没有高家就没有东魏国家。所以，高澄被刺的消息传出后，人们无不震惊，一致认为，高家没人了，国家将要大乱了。

很快，令人吃惊的事情发生了：一向被人看不起的高家老二忽然变成了一个英武果敢的指挥者。而且，他的指挥才能比高澄还要高明得多。

原来，事变发生时，高洋正在邺城城东。他听到后一点儿也不惊慌，马上指挥军队包围了现场，亲自拿住了作乱者，把他们杀死并剁成肉酱。然后，高洋不慌不忙地走出来对众人说："没什么，家里奴才作乱，碰伤了大将军（即高澄），但不碍事。"为了安定余下的乱党，不致发生更大事变，高洋让东魏皇帝下了大赦令，然后，才宣布了高澄的死讯。

随后，高洋回到东魏重兵所在地晋阳，大会文武。晋阳的旧臣宿将向来看不起高洋，认为他只能给高家丢脸。今天看到高洋如此神采英畅、言辞敏洽，无不大惊。高洋修改或取消了高澄原来一些不得人心的制度，赢得了上下一致拥护。

高洋镇服人心后，回到了邺城。不久，他逼迫东魏皇帝退了位，自己做了皇帝，国号齐。人们看到这时的高洋，外柔内刚，决断果敢，令人莫测高深，无不畏服。此外，他专心处理政事，政策简单明了，又善于用人，善于用兵，西征北讨，连连获捷。一时，大齐声威震动天下。

然而好景不长，五六年后，高洋开始得意忘形起来，自以为天下无敌了。他开始酗酒，酒喝多了，刺激神经，脾气变得非常暴躁，干出一些不近情理的事情。高洋喝得高兴了，有时自己起身敲鼓作歌，继之以舞，直到舞得筋疲力尽，方才罢休；有时干脆把衣服脱掉，光着身子，乱叫乱闹；有时把头发披散开，穿上胡服，结上彩带，挥刀舞剑，一直闹到大街上；有时随意乱走，一会儿去大臣家，一会儿又去勋戚家，搅得人人胆战心惊。高洋喜欢乘鹿车，骑白象、骆驼、牛、驴，为了夸耀本事，他不许施放鞍勒，常常一跃而上，纵其狂奔。疯劲来时，他常在盛暑的炎炎烈日下，光着身子躺在地上晒；或在隆冬的刺骨寒风中，脱掉衣服疾走。他不但自己发狂，还要求随从仿效，弄得随从们苦不堪言，而高洋自己却感到其乐无穷。

发展到最后，高洋的人性泯灭，而兽性大发。他命令手下制作了一些带刺的草马草驴，把邺城中作风败坏的女人都征进宫来，脱掉衣服，强迫她们骑马骑驴，用以取乐，弄得这些妇女遍身血迹，然后杀死肢解，或用火烧掉，或扔入河中。后来，甚至迫害到自家妇女。他把高家妇女都聚到宫中，让自己的部下当众侮辱。并且他自己以身作则，去侮辱自己的嫂子、庶母。庶母不从，结果被他当场杀死。

高洋有一个宠妃姓薛，本来是个伎女，在家时曾与清河王高岳相好，后来被高洋看中，迎入宫中，朝夕欢娱，极受宠爱。薛妃有一个姐姐，长得也很妖媚，与高洋关系也很密切。一次，高洋半夜喝醉了酒，带着手下游逛到薛姐家，和薛姐胡混了一阵。薛姐以为高洋喜欢自己，就乘机请求封她的父亲为司徒。薛姐的父亲是个倡人，地位很微贱，根本不是做官的材料。高洋看到薛姐如此不知好歹，立刻大怒，让随从把她吊到梁上，乱抽乱打，最后用锯锯死。

还有一次，高洋在三台摆酒设宴，庆贺三台落成，宫中妃嫔全去陪宴。三台是邺城中有名的建筑，高 27 丈，台间有飞桥连接。台上有木建筑，脊长 200 余尺。工匠在上面施工，都提心吊胆，腰间要拴上绳子，防备失足。但高洋喝醉后，一时心痒难熬，他脱去外衣，跳上屋脊，快步如飞地在上面行走。台上台下的人都惊呆了，一时万头攒动，向空中观看，有摇头的，有惊叫的，也有喝彩的。高洋看到人心激动，越发得意。他走到屋脊中间时，索性跳起舞来，前后进退，左右回旋。随着动作的节拍，台下人的惊叹声也时起时落。最后高洋尽了兴，凯旋回座，极为得意。

回到宫中，薛妃看到有机可乘，亲自斟了酒前来讨好，高洋也喜洋洋地来接。蓦地，他想起薛妃曾被高岳占有的往事来，笑容一下凝住，变成了怒容，未等薛妃反应过来，人头已经滚落在地了。

第二天，高洋赴东山与群臣欢宴。酒过三巡，气氛刚刚热烈，突然，高洋从怀中掏出一颗人头，扔在案上，满座的人无不吃惊。一会儿，高洋吩咐手下拖上一个无头女尸，吩咐肢解了，用髀骨做琵琶。大家看到尸体的服饰，才知道被害者是高洋宠爱的薛妃。正在大家胆战心惊、不敢出声的时候，高洋忽然又转怒为悲，把人头抱在怀里，大哭道："佳人难再得呀！"他泣不成声，吩咐手下备棺收殓，然后披散头发，大哭着步行去送葬。

对于高洋的酒后胡为，娄太后曾多次管教。高洋是个孝子，娄太后管教他，他一般都恭顺地听，但喝起酒来有时就忘了，有时喝醉了，连太后都不认得了。

有一次，高洋设宴为娄太后祝寿，醉酒后发狂胡闹，娄太后实在看不过去，拿拐杖打了他几下，一边打一边骂："你父亲如此英雄，想不到生你这种混蛋儿子！"高洋挨了打，也生气了，他一边夺拐杖，一边说："你算什么老娘？早该发去嫁给胡人了，你再打，我马上就把你嫁人！"娄太后登时大怒，气得扔掉拐杖，坐在榻上，不说也不笑了。高洋急了，他想逗太后高兴，就四肢着地爬到太后坐的榻下，然后往起一拱身子，准备像骆驼一样驮起太后来。但醉后不能掌握平衡，一下把太后掀倒在地，摔了一个四脚朝天，近 60 岁的娄太后，被摔得头破血流。高洋一惊，酒也醒了，他看到自己伤了老母，痛彻心髓，马上吩咐手下在殿前堆柴架火，准备投火自焚。太后本来下定决心不再理这个疯子了，一看他要自焚，吓得不顾伤痛，亲自起来拉住，强作欢笑说："你醉中做了错事，我不计较。"高洋不能原谅自己，他在殿前铺上毡席，让平秦王高归彦执棒行杖，自己脱光脊背，趴在席上受杖。他一边数说自己的罪恶，一边威胁高归彦说："你打不出血来，就杀了你！"太后不忍看见儿子受苦，又上前抱他起来。高洋苦苦哀求，最后答应用鞭子打脚 50 下才肯起来。高洋挨完打，穿戴上衣冠，向太后谢罪，并坚决保证不再重犯。他痛哭流涕，感动得太后及左右侍从都哭了。

第二天，高洋果然戒了酒，但 10 天后，又恢复了原样，甚至更加厉害了。

北齐宫中，只有一个人没有受过高洋的欺负，这就是皇后李氏。

说来也怪，不知为什么，高洋与李氏的关系特别好。李氏是标准的汉人。北齐政权重鲜卑人而轻视汉人，所以册立皇后时，高家旧臣认为汉妇人不能做国母，曾请求废掉李氏另立段氏。高洋没有听从，坚持立了李氏。高洋喝醉酒后喜欢虐待伤害妃嫔，但对李氏连骂都不骂一句。他对李氏的母亲、姐姐则不同了。

一天，高洋喝醉了酒，闯进岳母家，看到岳母崔氏胖墩墩的，像个箭靶，于是，从腰间摘下弓来，从袋中拿出鸣镝箭，瞄着崔氏射去，不偏不倚，正中面颊。崔氏痛得大叫，高洋反而大骂："你算什么东西，我喝醉了酒连太后都不认得，别说你这个蠢老婆子了！"他用马鞭狠狠抽打了崔氏 100 多下，才悻悻地离去。

李氏有个姐姐，嫁给魏亲王元昂为妻。李姐长得不亚于李后，不知何时被高洋看上了。他几次借故去元昂家留宿，元昂不敢吭声，见到他来就悄悄躲出去。但高洋还不知足，他想把李姐纳入宫中为昭仪，又怕李姐不愿离开丈夫，于是把元昂召进宫中，让他趴在地上，亲自用鸣镝箭射了一百下，一直射到他血流遍地，断了气，才命人抬回家去。几天后，高洋带领文武百官前往元昂家吊孝，他先在灵座前痛哭了一场，哭过后就在灵前霸占了李姐。为了讨好李姐，他命所有随行的人把身上的好衣服都脱下来，把身上带的钱和佩饰都捐出来，作为聘礼，交给李姐。跟来吊孝的文武及随从极多，一天之中，李姐就得到巨万财产。

李后听说此事后，极为愤怒，几天不吃不喝，啼哭不止，要求让位于姐姐。娄太后无法，只得去劝高洋。高洋听说李后伤心，才打消了娶李姐的念头。

对于自己的臣下，高洋也毫不客气，想打就打，想射就射，想杀就杀。

高洋有几个最心爱的大臣，其中一个叫杨愔，一个叫崔季舒。杨愔是高洋的宰相，在大臣里官职最高，但高洋让他兼管厕所。因为杨愔极胖，所以高洋不称他的名字，而叫他“杨大肚”，高兴了，就让他脱光上衣，用马鞭打脊背，直到鲜血淋漓才住手。有一次，他看杨愔的大肚子有趣，就用刀子划着玩，划出一道道口子。正好崔季舒在旁边，看着杨愔的肚子快划破了，他不敢劝，但又不能不管，于是心生一计，假装用戏子的口气说：“你们一老一少玩的什么游戏，还不快快住手!”一边说，一边把刀子夺走了。他知道高洋平时和大臣游戏时混闹惯了，不会在意。这样，崔季舒救了杨愔一命。又有一次，高洋高兴起来，想玩送葬的游戏，他命人抬来一口棺材，把杨愔装进去，放在灵车上，还差点把棺材钉上埋了，又是崔季舒设计相救，才免于一死。

高洋这样残害杨愔，杨愔为什么不离开他呢？这里有一个缘故。原来，杨愔是一个很有政治才能的人，但在尔朱荣、高欢时都曾遭到迫害，不得不长期隐藏。高洋即位后，请他出来从政，把国家大事交由他管理，对他言听计从。也就是说，高洋对他有知遇之恩。后来，高洋虽然昏乱了，但对杨愔还是像从前一样重用，国家大事无不听其处理。杨愔本人在社会上威望极高，一生以国事为重，高洋几次残害他，险些危及生命，但杨愔为了社稷百姓，一直不忍弃之而去。当时的北齐，虽然高洋昏暴残虐，但国家在杨愔的管理下，政治上还是很清明的。

高洋 30 岁时，已不能吃饭，他每天只喝几次酒，身体内酒精多了，伤及大脑，终于在昏醉中离开了人间。

皇宫中的旧农具与布衫袄

公元 420 年，东晋恭帝司马德文让位于宋王刘裕。此后，中国南方宋、齐、梁、陈四个朝代相继建立，都以禅让方式取得天下。这四个朝代总历 162 年，政权交替频繁，历史上称这一时期为南朝。为区别于历史上的其他宋齐梁陈朝代、国家，南朝的四个朝代分别称为南朝宋、南朝齐、南朝梁、南朝陈，或用其帝王姓氏，称为刘宋、萧齐、萧梁。

刘宋的第三代帝王叫刘义隆，是个很有作为的君主，他个人生活也极为俭朴。有一次，管车辆的官吏因为辇车的竹篷旧了，要换新篷，并要求把辇席的乌皮改为紫皮，都未得到他的允许。刘义隆认为，辇篷虽旧，但还能用，没有必要更换；紫色比乌色贵，也没有必要改。他的皇后袁氏家里寒微，经常向他要钱要东西接济家用，他每次都要考虑几天，最后才批给几万钱、几十匹布。

刘义隆的生活可谓俭朴，用具可谓简陋。然而，宋宫中还有更为简陋的东西。

刘义隆即位后曾参观父亲刘裕的旧宫，发现里面珍藏着耨耜等旧农具。刘义隆从小生长在深宫内院，没有见过这些东西，就询问这些东西是什么。左右告诉他，这是先帝（即刘裕）年轻时当农夫所用的农具。原来，这是刘裕当了皇帝后，专门命人从老家找来，珍藏在宫里，留下来教育子孙的。刘裕的目的是要告诉子孙：江山来之不易，切勿奢侈淫逸。

刘宋第四代君主孝武帝刘骏，曾打算大兴土木，建造玉烛殿。因为殿址计划造在开国始祖刘裕的阴室之上，刘骏特地带领文武群臣去向祖宗阴室告别。阴室是已故皇帝生前居住的地方，类似于现在的旧居，里面陈设依照故帝生前原样，故帝的衣物也藏在里面，以备后世瞻仰、怀念。刘骏是个浮华奢侈的皇帝，即位后一直没有瞻仰过阴室，现在要毁掉它，才想起瞻仰一下。

刘骏看到，刘裕的阴室是一座极普通的砖瓦房子，既不高大，也不华丽。里面有一张木床，也没施油彩，露着粗糙的木纹；床头不是屏风，而是用土坯垒的一段隔障；墙上挂着一只葛编的灯笼、一尾麻制的蝇甩子。除此之外，没有其他摆设。一个开国君主的寝室，竟不如民间的一个小财主。

原来，刘裕不像魏晋开国皇帝那样起自贵族。他出身极为贫寒，完全是靠自己的本事白手起家当上皇帝的。

刘裕的子孙曾自称是刘邦弟弟楚元王刘交的后代，其实这是编造的。魏晋南北朝时最重视门阀，如果没有显贵的祖先，就得不到社会的承认，所以，要想在社会上站住脚，必须向上追溯祖先，找一位显贵的同姓古人做靠山。

刘裕家是十六国大乱后迁到江南的。他的祖父刘靖做过东晋东安太守，父亲刘翘时家境衰落，只做到郡功曹①。刘翘去世时刘裕还未成年，与继母萧氏一起凄凉度日，常常吃不饱、穿不暖。为了生活下去，只好织屦去卖，换了米来，再上山砍柴做饭，这样勉强度日。

刘裕长大后，不甘心埋没草莽，就投入军中做了一名士兵。因为他英勇善战，兼有谋略，被提为军官，后来镇压孙恩、卢循起义有功，升任下邳太守。刘裕豪爽侠义，结识了一帮有识之士，同心协力，平定了桓玄之乱，维护了晋室，被皇帝尊为宋王、尚父。最后，时机成熟，刘裕逼迫晋帝禅让，自己做了皇帝。

刘裕对自己的贫苦出身是不隐瞒的，不像有些帝王那样富贵了就忘本。刘裕虽然识字不多，但对历代兴衰颇有了解，深知对一个帝王来说，俭朴有什么好处，奢淫有什么危害。刘裕从来不装饰自己的宫殿车马服玩，

① 功曹：官名，相当于郡守的总务长，除掌管人事外，还参与一郡的政务。

也不欣赏歌舞丝竹。他的长史（王府属官，总管府内事务）曾劝他建置乐队。刘裕说："太忙了，没工夫听它，再说也听不懂。"有一次，宁州进献琥珀枕，温莹美丽，价过百金。当时刘裕正要北伐，看到琥珀枕，想起琥珀可以治枪伤，于是大喜，命令立刻砸碎分给诸将。还有一次，广州献上筒细布，精致无比，巧夺天工。刘裕认为花费精力搞这种无用的东西，实在是劳民伤财。他马上吩咐有关部门弹劾广州太守，把布退回，并下令禁止岭南再织造这种布。刘裕晚年患有热病，历次作战留下的伤口常常发炎，坐卧需要冷东西垫衬。有人知道后献上了石床，供刘裕享用，试验后果然很好。但刘裕恐怕因此又有人献银床、金床，奢风一开，将不可收拾，于是命令人立即打碎。

历来的帝王，都希望宫中财帛越多越好，一来可供自己享用，二来可任意赏赐皇亲国戚或臣下。但刘裕立下规矩，财帛都归入外面府库，一律不许入宫。公主出嫁时，遣送不过 20 万钱，而且不许置办锦绣金玉。刘裕本人装束更为俭朴，日常穿一双连齿木拖鞋。他喜欢步行出神武门左右逍遥，每次只带十几个随从。由于刘裕的提倡和以身作则，当时朝廷上下无不节俭，皇子们每天问起居，也只穿家常裙帽，而不穿礼服。

刘裕的节俭不像有些帝王只是口头上说说摆样子。

他是把节俭当作一种美德来要求家人、要求部下的。所以，他的臣下与兵士都以节俭为美，以奢华为耻。不仅皇宫中有刘裕的旧农具、旧衣物被留下作为传家宝，警示后人，他的公主手中还有他遗留的破衫袄，可以当作法宝来联络亲属间的感情。

刘义隆时，朝中曾发生过一次未遂政变。当时。乱党中有一个名叫徐湛之的，是刘义隆姐姐会稽长公主的儿子，被法司判处死刑。公主听到儿子被判处死刑，气坏了。她知道刘义隆是个大义灭亲的人，很难劝得回转，左思右想，想起母亲臧皇后死时留下的一件破旧布衫袄。原来，会稽长公主的母亲臧氏是刘裕正妻，一直侍奉刘裕，吃苦耐劳，勤勤恳恳，受到刘裕敬爱。臧皇后去世时把这件旧布衫袄交给公主，嘱咐说："后世子孙如有骄奢不法的，可拿出这件衣服警告他。"这次公主为救儿子，想起了这件法宝。她拿着它去见刘义隆，一边哭一边说："你家本来贫贱，这是我母亲做给你父亲穿的，今天你刚有口饭吃，就想杀我的儿子么？"刘义隆与公主是同父异母姐弟，因此公主用这种口气说话。刘义隆看了这件破布衫袄，想起骨肉之情，终于赦免了徐湛之。

尽管刘裕留下了旧日衣物，嘱咐子孙不要忘本，但他的子孙过惯了宫廷生活，并不能接受他的思想。刘义隆是刘裕子孙中最俭朴的，看到父亲遗留的农具后还觉得很丢脸，以父亲出身微贱而惭愧，说明他并不愿意记住父亲的遗训。到刘义隆儿子刘骏时，干脆拆掉阴室，大兴宫殿了。刘骏参观阴室时，一位大臣想借机会劝他不要大兴土木，向他大讲特讲刘裕节俭的美德。刘骏很不高兴，只淡淡地说了一句："田舍翁能有这些，已经很不错了！"

刘骏之后的几个君主更加骄奢淫逸，因此，这个刘宋王朝仅仅 50 多年就灭亡了。

继刘宋之后的萧齐、萧梁、陈的开国君主出身都较清贫。他们都尽力提倡过节俭，希望子孙后代能够保住江山。

齐高帝萧道成的母亲陈道止虽出自名门，但家里很穷，未嫁时织作为业，贴补家用，从早到晚，不肯休息。萧道成两岁时，陈氏缺奶，梦见人送来两瓯（即盅）麻粥，醒来才下奶，可见萧道成家也很贫寒。萧道成做建康令时，家里的儿子冬天还不能得温饱。萧道成很孝顺，每当他奉给母亲两道以上的肉菜时，陈氏只留一道，认为一道就过费了。萧道成的皇后刘智容家里也不宽绰。史籍记载，一次她回娘家正遇上祭祖，她亲自抱柴烧火，帮助炒胡麻，可见顶多是个小康之家。萧道成的儿子登基后，每次太庙祭祖，要献上祖先最喜欢吃的菜。但他给祖父、祖母和父亲、母亲献的，都是小康人家所能吃到的最好食物。

萧道成因为出身寒素，知道民间疾苦，他即位后大力提倡节俭，服饰器物都不用华丽的。衣库里原来有玉冠簪，他认为这种东西只能助长奢侈之心，立即命令打碎，并命令把后宫中华丽的装饰全部撤去，换上朴素的。不用说金玉器物，就是铜的装饰，也全部换成铁的。他曾经对左右说："如果让我治理天下十年，我一定让黄金像土那样不值钱！"

萧齐的第二代君主齐武帝萧赜也是很节俭的。后来，萧道成的一个侄子萧鸾篡位做了皇帝，也提倡节俭。他曾经废掉萧赜所建新林苑，把地还给百姓耕种，还曾把辇舟上的金银装饰全部剔除，换上牙角（兽牙和兽角）的。甚至一次用皂荚[①]洗衣服，洗完的水留给手下第二天使用。有一天中午，他吃太官所进裹蒸（一种蒸食）时，用筷子从当中画个十字，破成四块，只吃两块，剩下两块留在晚上吃。萧道成、萧赜、萧鸾提倡节俭，是因为他们都曾经历过艰苦的生活，知道东西来之不易，而他们的子孙从小在皇宫中长大，不知稼穑的艰辛，登基伊始就挥霍无度，所以，不久都一个个

① 皂荚：一种落叶乔木，结荚果，扁平，褐色，可以用来洗衣物，皂荚亦称皂角。

下台赐死了。萧齐建国不到30年就灭亡了。

享国46年的萧梁的开国皇帝梁武帝萧衍，也是很俭朴的。尤其他晚年笃信佛教。佛教讲究今生吃苦，来世享福；自身吃苦，众生享福。梁武帝是这一教条的模范执行者。他居住的是皇宫中的小殿暗室，吃的是豆粥粗饭，穿的是布衣，用的是黑色木棉帐，一顶帽子要戴三年，一条被子要盖两年。他不饮酒，不听乐，后宫妃嫔衣裙不着地，装饰无锦绮。可能在中国古代所有帝王中，萧衍是最俭朴的了。

陈的开国君主陈霸先也很俭朴。他吃饭时不过几个菜。宴席上的盆是瓦的，盘是蚌的。饭菜数量因需要而定，绝不多做，以免浪费。后宫姬妾衣不重彩，饰无金翠。陈霸先的皇后也提倡节俭，去世时遗令丧事从省，馈奠勿用杀牲。但到陈朝末代皇帝陈叔宝时，则完全不知节俭为何物了。

总之，在南朝宫廷中，凡开国皇帝及随同他们创业的子侄们都是提倡俭朴的，政治上也是清明的，而他们那些从小生长在皇宫内的不知世事艰辛的子孙们，则多是挥霍无度，淫逸凶暴的。这几乎也是中国封建社会宫廷生活的通例。

称雄称治而不免死于宫闱之乱

5世纪20年代至50年代的30年间，南朝与北朝各出现一位有作为的君主。北朝的是拓跋珪的孙子魏太武帝拓跋焘，小名佛狸，公元423—452年在位；南朝的是刘裕的儿子宋文帝刘义隆，小名车儿，公元424—453年在位。拓跋焘任用汉族世族地主，依靠鲜卑骑兵，击败柔然，攻灭夏、北燕、北凉，取宋虎牢、滑台等黄河以南地区，统一了中国北方，称雄中原，震慑四方；刘义隆则登基后加强中央集权，整顿吏治，江南取得了暂时的稳定局面，出现东晋以来从未有过的繁荣景象，史称“元嘉（刘义隆年号）之治”。这两位君主是南北朝众多帝王中的佼佼者，他们的执政时间几乎差不多，即位相隔一年，去世亦相隔一年。不仅如此，他们的结局也极为相似，拓跋焘被宦官杀死，刘义隆被太子杀死，一北一南，称雄称治，都不免死于宫闱之乱。

公元450年至451年，即拓跋焘、刘义隆死前的两三年，是他们即位后最热闹的两年。宋军首先攻魏，拓跋焘乘势起兵南伐，直逼长江北岸，眼看便打下宋都建康，但因为遭到宋军顽强抵抗，不得不撤回北方。

拓跋焘南伐时，留下太子拓跋晃监国。拓跋晃处理政事过于精细，对不法之事管得很严。当时，魏宫中有一名宦官，名叫宗爱，很会阿谀奉承，受到拓跋焘喜爱，被封作中常侍。宗爱是个奸佞之徒，喜欢结党营私，脾气凶险残暴。拓跋晃对他深恶痛绝，平时碍着父亲脸面，不好管他。现在父亲南征，拓跋晃手中有权，于是，狠狠训斥了他几回。宗爱遭到训斥后，心里充满了怨恨，他想到，万一今后拓跋焘去世，太子当了皇帝，自己肯定没有好下场，于是想出了一条谋害太子的毒计。

拓跋焘南伐回到平城后，宗爱先是百般歌功颂德，然后乘机说了太子宠臣及东宫官属十几个人的坏话，挑唆拓跋焘杀了这些人。东宫官属被杀，说明拓跋焘对太子的愤怒和不信任。拓跋晃受到这种打击，开始坐立不安，惶惶终日，不久就忧病死去了。

后来，拓跋焘渐渐明白了太子的无辜，非常后悔。悔恨之余，他想起宗爱的奸佞，恨得咬牙切齿。宗爱觉察到自己的阴谋败露，知道早晚有一天会被杀死，即使不被拓跋焘杀死，也会被拓跋濬——太子的儿子、未来的小皇帝杀死。于是，他决定一不做二不休，趁着拓跋焘一次酒醉后在永安宫独卧的机会，勒死了他。这样一位叱咤风云的人物，就这样不明不白地死在自己宠信的宦官手中。

称雄天下的拓跋焘死后不到一年，称治南方的刘义隆也离开了人间。

刘义隆比拓跋焘死得更惨，他是被自己的太子刘劭杀死的。

刘劭的母亲姓袁，名齐妫，是刘义隆的皇后。袁后虽然出自高门大族，但家境很贫寒。因此，她常常向刘义隆要些钱赠养家里。刘义隆与妻子感情很好，只要袁后开口，他从来也不拒绝。但因为刘义隆生性节俭，所以，每回只给四五万钱或四五十匹绢。

刘义隆中年之后，又看中了另一个姓潘的女子。潘氏本是一般妃嫔，因为美貌，受到宠爱。潘氏很会笼络人心，她常常让宫女把盐水泼在门前道上，并把卧室中装饰得淡雅舒适。刘义隆下朝后要坐羊车回宫，羊儿经过潘氏门口时，闻到盐味，就停下来舔，刘义隆也就下来看看这里的主人。他看到房间舒适，主人美丽大方，很高兴，就留下来过夜。久而久之，刘义隆宠上了潘氏，封她做了淑妃，下朝后不再有计划地各房留宿，而是听任羊车拉到潘淑妃这里。他觉得这里是最令人留恋的地方。

很快，宫里到处传说：皇帝每天下朝后不去别处，只去潘淑妃房里，皇帝对潘淑妃的话言听计从，她想要什么马上就可以得到。消息传到袁后耳中，她表示怀疑，决心试验一下。

一次，袁后到潘淑妃处闲聊，找了个借口，请潘淑妃替她向皇帝要 30 万钱。潘淑妃正想讨好皇后，就答应了。第二天一早，30 万钱送到了袁后宫中。袁后看着这一堆钱，想起自己从前要几次才能到手的东西潘淑妃一天便能得到，她伤心极了，从此假托有病，不再见刘义隆。

不久，袁后真的病了，而且病势越来越重，等到刘义隆得知后赶来时，袁后已经骨瘦如柴，奄奄一息了。刘义隆心里很过意不去，拉着袁后的手，问她有什么话要说。袁后久久凝视着丈夫，什么也不愿再说。她竭尽全力，用被子盖住脸，痛苦地离开了人间。对袁后的死，刘义隆是很悲痛的。他下诏让当时江南最有名的文人颜延之作了哀策，自己亲自审阅，还加上了“抚存悼亡，感今怀昔”八个字。

这里的“抚存悼亡”即抚爱袁后留下的子女，以悼念袁后的意思。袁后生有太子刘劭及东阳公主刘英娥。但太子刘劭是个不值得抚爱的逆子。

袁后因潘淑妃而去世，刘劭心里结下了仇恨。他看到母亲死后，潘淑妃总管后宫事务，犹如皇后一般，而且刘义隆宠爱潘妃的儿子刘濬胜过自己，心里越发不满。刘濬知道刘劭非常凶险，怕被他害死，于是低三下四，讨好刘劭。不久，他们就结成了无话不谈的密友。

当时，刘劭的姐姐东阳公主有个贴身的婢女，名叫王鹦鹉，是个能说会道、风流狡狯的女人。她向公主推荐了一位女巫严道育。严道育会幻术，骗得了公主的信任，被公主收进宫中。

刘劭、刘濬平日行为不检点，常常遭到刘义隆的呵斥。他们听说严道育会法术，就求她作法，使自己的过失不传到父亲耳中。严道育设起香案，唱歌跳舞，闹了几天几夜后，对二人说："我已转告天神，今后你们二人的所为不会再泄露了。"刘劭、刘濬大喜，尊严道育为天师。从此，刘劭、刘濬、王鹦鹉、严道育形成一个四人集团，经常一起请神问卜，闹得宫中天昏地暗。后来，他们为了长久过随心所欲的生活，竟然商议把刘义隆咒死，由刘劭当皇帝。在严道育的指挥下，他们用玉刻了一个小人，写上刘义隆的名字，埋在含章殿前，每天早晚祈祷，诅咒刘义隆早日归天。

王鹦鹉虽是东阳公主的婢女，但因为善要手腕，得到公主信赖，在公主府中，如同主子一般。东阳公主有个奴仆叫陈天兴，是个美少年，被王鹦鹉看中，向公主要来作为养子。说是养子，其实二人做了夫妻。另外还有一个宦官，名叫庆国，也是一个美少年，惯会奉迎，得到四人喜爱。因此，陈天兴、庆国也参加了密谋。

几年后，东阳公主去世了，按当时的规矩，王鹦鹉应该遣出嫁人。刘劭恐怕巫术的事情败露，与刘濬密谋，把王鹦鹉嫁给了刘濬的府佐沈怀远做妾，并把陈天兴提拔成东宫领队。

王鹦鹉虽然嫁给了沈怀远，但害怕以前与陈天兴相通的事情泄露，于是请刘劭暗杀了陈天兴。陈天兴一死，庆国慌了。他想到当初参加密谋的奴仆只有他和天兴二人，天兴既死，自己也难逃虎口，左思右想，唯有告密可留一条生路。于是，他冒着生命危险请见刘义隆，把事情一五一十作了交代。

刘义隆听说自己的两个儿子竟然设巫蛊咒自己死，一时惊呆了。他马上派人查抄了王鹦鹉家，拿住了王鹦鹉，果然在她箧中搜出刘劭、刘濬往来书信几百札，都是诅咒巫蛊的内容。刘义隆又派人顺着庆国所指的地方，挖出了埋藏的玉人。只有严道育没有捕到，她事先得到了消息，变换服装，打扮成尼姑模样，藏进了东宫。

罪证确凿，刘义隆心里非常痛苦。刘劭、刘濬大逆不道，按法起码应该赐死。但刘义隆是个优柔寡断的人，他甚至没有逮捕这两个逆子，只把他们叫来狠狠骂了一顿。

不久，严道育暗暗跟随刘濬到了京口。渐渐风声不紧了，严道育又得意忘形起来，公开出来行走，被人再次告发。这次，刘义隆只捉到了两个婢女，她们招供说："严道育已随征北将军（即刘濬）回都城去了！"刘义隆听说两个儿子至今没有改过，又痛心又生气，决意废掉刘劭、赐死刘濬。他召入侍中王僧绰，命令他收集汉魏废立太子的旧例，送交江湛、徐湛之两位宰相处理。想不到江湛、徐湛之各怀私心，都想借机捞点好处。原来，江湛是刘义隆四子刘铄的大舅子，徐湛之是刘义隆六子刘诞的岳父。他们马上入宫，一个请立刘铄，一个请立刘诞，而刘义隆最爱第七子刘弘，想破格立刘弘。因此三人反复辩论，经久不绝。

此后，刘义隆每天晚上召徐湛之入宫中含章殿，二人在烛光下反复商酌。刘义隆害怕有人窃听，殿内殿外不许任何人停留，还不时让徐湛之到外边去巡视，看看是否有人偷听。潘淑妃爱子心切，几次派人伺察，都因防守严密，听不到一点儿消息。后来，她想出了一个办法，夜间在枕上痛斥刘劭、刘濬的所作所为，建议刘义隆早早杀掉二子，免遗后患。刘义隆信以为真，而且认为潘淑妃不会害自己，就把连日来的谋划，全部告诉了她。

潘淑妃第二天就告诉了刘濬，刘濬又告诉了刘劭。于是，刘劭、刘濬二人决定不再迟疑，立即发动宫闱之变。

第二天凌晨，刘劭假称有人谋反，带领东宫卫士进入皇宫。他的爪牙张超之一马当先，领着壮士数十人，摸到含章殿。这时，刘义隆还在殿中和徐湛之密谋，烛还未灭，卫兵正在睡觉。张超之等冲进殿时，刘义隆惊得跳起身来，举起木几遮蔽，被张超之一刀劈来，剁掉五指，扑倒在几上。张超之又补上一刀，结果了他的性命。徐湛之见势不妙，夺门而逃，也被乱兵杀死。

就这样，南朝有名的君主刘义隆也死在宫闱之变中。

拓跋焘、刘义隆死后，南北两方都因失去强有力的领导者而呈现出衰败景象。北方宫廷中，很快就平定了叛乱。一位主张“无为而治”的小皇帝拓跋濬登上了帝位，渐渐恢复了北魏的经济、军事力量。南方则由刘义隆的第三子刘骏兴师，杀死自己叛乱的哥哥刘劭、刘濬，安定了局面。但刘骏及以后的几代皇帝多是残忍淫乱的君主，南朝宋宫中从此变得秽不可言，其肮脏程度，几乎可称中国封建社会宫廷史中之最了。

荒诞不经的刘子业

南朝宋大明八年（464年），建康宫中含章殿内，众多姬妾、宫人围在殿中一个卧榻前，你一言、我一语地劝慰卧榻上的一个中年妇女。只见那个妇女脸色气得铁青，左手撑着榻，努力支起半个身子，右手哆嗦着往前指点，费劲地喊着："快取刀来剖开我腹！快取刀来剖开我腹！怎么生出这么个逆子！"

卧榻上的女人是谁呢？原来是不久前即位的小皇帝刘子业的母亲，被尊为皇太后的王宪媛。

宋孝武帝刘骏去世后，16岁的太子刘子业登基做了皇帝。封建社会的规矩，父亲死了，儿子必须痛哭流涕，为父亲戴孝守灵，哭得越悲伤，守灵时间越长，则表示儿子越孝敬。尤其魏晋南北朝的君主，一般都极力提倡孝道，喜欢在丧礼上大作文章。有的故意哭得昏死过去；有的故意几天几夜不吃不睡，虚弱得站不起来；有的故意坚持三年守孝，不肯脱去孝服。谁的文章作得大，作得奇特，就得到社会的赞许。然而，这位新皇帝刘子业纯粹是个顽童，父亲死了，他不但不哭，反而喜形于色。他早就厌烦了父亲的管束，巴不得父亲快快死掉，自己好为所欲为。现在这一天终于到来，他怎能不高兴呢！从居丧第一天起，刘子业每天只冒一冒头，装个样子，然后就钻入后宫，和侍从、宫女们鬼混去了。

王太后因为居丧悲哀劳累，不久就病倒了。遇到这种情况，皇帝应该每天早晚去太后宫中问安，还应该亲自尝药侍寝。但王太后病了 3 个月，刘子业只顾自己玩耍，统共没有问过三次安。这几天，太后病重了，她思念自己的儿子，派宫人去叫。当时刘子业正与一群少年宦官玩得高兴，他不愿去，摇着头笑着说："病人的房子里鬼多，天子哪能去？"宫人不敢隐瞒，如实报告太后，所以才有以上王太后一段气愤的话。

经过众人劝慰，王太后逐渐压下了怒气。但直到晚间，刘子业也没有去看自己的母亲。几天后，王太后含恨离开了人间。

太后死了，刘子业更高兴了。因为宫中再没有人能管束他了。他又杀掉几个不顺眼的王公大臣，杜绝了劝谏之路，此后，开始为所欲为，肆无忌惮起来。

前面讲过，自宋孝武帝刘骏之后，宋宫中天子妃嫔作风极为败坏。这位刘子业和他的姐姐山阴公主就对这种坏风气起了推波助澜的作用。

山阴公主名叫刘楚玉，长得很美，但很淫荡。她未出嫁时就与胞弟刘子业过从甚密，关系暧昧。后来，山阴公主嫁给驸马都尉何戢为妻，不得已，才与刘子业分手。刘子业7岁时，刘骏曾为他娶过一个妃子，名叫何令婉。5年后，何妃夭折，又娶了一位路妃，路妃长得也很美貌，但不知为什么刘子业对她很不满意，很少到她宫中去。王太后去世后，刘子业的第一件事，就是把姐姐山阴公主召回宫中，重叙旧好。姐弟二人久别重逢，其喜可知，从此两人同餐同宿，形影不离，并且常常一起同车出游，每次出游，都命令朝廷元老沈庆之为骖乘，徐爰为后随，招摇过市，并不避讳。

公主虽与子业相好，但不能长久住在宫中，终于有一天要回家去了。离别前，姐弟二人恋恋不舍。刘子业问山阴公主有什么要求，表示一定尽量满足。山阴公主发牢骚说："我与陛下虽然性别不同，但都是先帝的骨肉，凭什么陛下后宫美女数百人，而我只有驸马一人？世界上的事竟然如此不公平！"刘子业听了，觉得很新奇，笑起来说："这有何难？我让姐姐满意就是了！"他马上从卫士中挑选了30个美貌魁伟的少年，送给公主，让他们随侍公主左右，号为面首。这里"面"是指貌美，"首"是指发美。公主得了许多面首，心里非常高兴，因为是天子所赐，驸马也无可奈何。

但即使这样，山阴公主还不满足。

一天，公主又入宫陪同刘子业游玩，忽然看见吏部侍郎褚渊风度翩翩，潇洒飘逸，冷峻中透着一股不同寻常的魅力，令人神往。山阴公主从未接触过这种美男子，不觉一见钟情。她求刘子业派褚渊侍奉自己，做自己的面首。刘子业听了一笑，同意了。褚渊不敢违抗，跟山阴公主回到府中，但他任凭公主怎样挑逗威逼，并不动心。最后无法脱身时，只好以自杀相威胁，公主毫无办法，只得放了他。

刘子业后宫缺少可意的人，频感寂寞，他忽然想起自己的姑姑新蔡公主。

新蔡公主是宋宫中最美的一位公主，比刘子业稍大，早已嫁给宁朔将军何迈为妻。刘子业做太子时，曾对新蔡公主想入非非，现在重又想起，于是，马上派中使去何迈府中召回公主。公主入宫的当天，就被刘子业占有了。新蔡公主仪态大方，流盼生辉，比起那些妖冶的女子来更令人着迷。刘子业迷上了她，不肯放出宫去。为了遮人耳目，他随便赐死了一个宫女，放在棺材里令人抬到何迈家，报告说公主得暴病去世了。何迈明知不是公主，也不敢争辩。他后来越想越愤愤不平，企图谋杀刘子业，被人告发，丢了性命。

刘子业留下新蔡公主后，诈称是新入宫的谢氏，册立她为贵妃，又准备立为皇后。当时，朝中人人惧怕刘子业，都谨缄其口，不愿惹祸，只剩下老臣沈庆之还敢进谏。刘子业预料到沈庆之会来进谏，事先派人堵住了沈庆之上朝路上的各座桥梁，以防他入朝。沈庆之果然来谏，看到桥路已断，才怅然而回。沈庆之当晚收到了刘子业赐的毒酒，被毒死了。

沈庆之死后，刘子业除去了最后一道障碍，决定册谢贵妃为皇后。但由于谢氏自觉名分有亏，再三不肯，只好改册路妃为后。

刘子业生活作风如此荒诞不经，在处理亲族关系上也是奇特无比的。

刘子业有许多叔父，分别镇守着北边重镇，拥有重兵，一直是刘子业的一块心病。为了防止叔父们在外作乱，刘子业下了一道命令，把他们全部召回都中，拘入皇宫，由他或他的随从们天天殴捶打骂，百般欺凌。

刘子业的叔父中年岁较大、比较有威信的是湘东王刘彧、建安王刘休仁、山阳王刘休佑。刘子业最忌恨这三个人，为了使他们威信扫地，想方设法侮辱他们。刘子业异想天开，封刘彧为猪王、刘休仁为杀王、刘休佑为贼王，为他们各自做了一个竹笼盛放。因为这三位皇叔都身体肥胖，刘子业让人在宫中空地上挖了一个大坑，灌进许多水，和成泥汤，把他们的衣冠脱光，赶进泥水中去滚。又让木匠做了一个大木槽，倒进剩饭，搅进菜叶，令刘彧爬到槽边舔着吃，好像喂猪一样，刘子业则和随从们在旁边观看取笑。刘子业曾几次想杀死这三位叔父，都亏了刘休仁聪明机智，教兄弟们尽量出各种洋相，逗刘子业开心，舍不得杀掉他们，才保全了性命。刘子业还有一位叔父东海王刘祎，又丑又笨，被刘子业封为驴王。他因为丑笨，不能成大事，所以境遇好得多。

刘子业非常想得儿子。他 17 岁了还没有儿子，以为自己不能生育，心里很着急。后来，他得知少府刘曚的妾怀孕已经八九个月了，就接进宫中，准备生下男孩后假充自己的儿子，立为太子。恰好，这几天猪王刘彧不愿受辱，几次不听从刘子业的命令，拒不学猪打滚，也不舔食，惹得刘子业大怒。他命令左右把刘彧脱去衣服，四脚攒蹄捆起来，用杠子抬上，抬到御厨去，宣布今天杀猪。刘彧拼命挣扎，大声嚎叫，真好像杀猪前的嚎叫一般。还是刘休仁脑子快，他灵机一动，假装笑着说："今天不该杀猪。"刘子业忙问为什么。刘休仁说："杀猪要有用场，过两天皇太子生日再杀，正好取肝肺下酒。"刘子业一听有理，不觉转怒为喜，连连说："对，对，先关起来，过几天再杀。"第二天，刘休仁又乘机说猪应该放养，不宜久关，刘彧才被放了出来。等到刘曚妾生下儿子时，刘子业早把杀猪庆贺的事忘了。

有一天，刘子业忽然想起一个新鲜玩法。他下了一道旨意，把所有王妃公主召进宫来赴宴。酒过三巡之后，刘子业突然令左右幸臣各寻自己喜欢的王妃公主结为夫妻。刘子业的幸臣都是一伙无耻之徒，听到命令，纷纷执行。这些王妃公主，有的家中有丈夫，有的儿子已经很大，还有的尚未出嫁，见到这种场面，吓得惊叫起来，夺门而逃。但门已被刘子业派人堵住，并派了武士强行动手，这些柔弱的妇女到了此时，只好听天由命。只有南平王刘铄的妃子江氏任凭怎么威逼，也不肯依从。刘子业以杀死她的三个儿子来威胁，江氏仍然不从。刘子业大怒，一边派人绑起江氏，鞭打百下，一边派人即刻前往南平王府杀死江氏的三个儿子。一天之中，江氏及三个幼年的儿子都死于非命。

胡闹完毕后，刘子业余兴未尽。他放走了哭哭啼啼的王妃公主们，又把后宫婢妾尽数召来，列作一队，把自己的亲信随从也列作一队，带进华林园竹林堂中，互相追逐打闹。有不从命的，立即斩首。一时间，清幽的园林被弄得昏天黑地，如同地狱一般。

这两次胡闹后，刘子业兴奋过度，精神上受到刺激。他几次梦见被打死的宫女前来辱骂、索命，醒来后非常恐怖，于是召来一批男女巫师，准备了几百名彩女，在华林园竹林堂做法事驱鬼。这次法事规模很大，山阴公主也赶来看热闹。法事开始时，杀王刘休仁、贼王刘休佑被派作前导，只有猪王刘彧被软禁在秘书省中，不许出来。

为什么不放刘彧出来呢？原来，当时民间流传着一个传说，说湘中将出天子。猪王刘彧原是湘东王，刘子业首先怀疑到他。刘子业准备南巡湘东，驱除湘中王气，并准备南巡前杀死湘东王，然后起程，所以刘彧被软禁起来。刘子业南巡的计划还没有施行，就遇上梦鬼，临时决定改变日程，先来华林园做法事。因为这次巫师众多，刘子业没有带卫士进园。

刘彧几次濒临危境，朝不保夕，他的属官随从们也终日提心吊胆，唯恐自己一同被杀，于是串通起来，密谋杀死刘子业，拥刘彧为帝。他们暗中准备了兵器，趁着黄昏驱鬼时，闯进华林园竹林堂，杀死了刘子业及山阴公主。政变成功后，猪王刘彧被推举做了皇帝，这就是历史上的宋明帝。

刘子业在历史上称为前废帝，在位不到一年就被除掉了。他在位的时间虽短，但当时宫廷的淫乱之风，已达到令人震惊的地步了。

自食其果的梁武帝

南朝梁太清三年（549年）的夏天，建康城内台城（宫城）的净居殿里，一个86岁的老人独自躺在简陋的木榻上。他蓬首垢面，睁着昏花的老眼，望着低矮的顶棚，嘴里念叨着："蜜！蜜！"但殿中空无一人。殿门外两个懒散的看守兵，听而不闻，坐在门边有一句没一句地聊着家乡的牛羊肉如何如何肥美，抱怨眼下的饥肠辘辘。一会儿，殿中老人口中传出嗬嗬的叫声，从此寂无音响了。时间过去了很久，两个守兵忽然意识到殿里发生了什么情况。他们跑进殿中，发现老人两眼呆呆地瞪着，脸上露着痛苦、悔恨的表情，手脚已经冰凉硬挺了。

这个死去的老人，就是曾经统治江南近半个世纪，创200年来文物之盛的萧梁第一代君主武帝萧衍。他在囚禁中饥渴而死了。

一个昔日闻名遐迩的开国皇帝怎么竟然落得如此悲惨的下场呢？他的儿孙都到哪里去了？为什么不来救他、侍奉他？

其实，萧衍的几个儿孙就在附近：太子萧纲就在台城宫内，但已经失去了行动自由，当他知道父亲的死讯后，也只能呜咽流涕，不敢放声痛哭。第七子萧绎、孙子萧詧此时离建康不远，手握足够救驾的重兵，却互相观望不救。当初开门揖盗、现在正盼着他早日死去的正是他的过继儿子萧正德，当然更不会去救他。台城被攻占时，萧衍曾叹息说："江山是我打下的，又是我丢失的，怨不着别人！"确实，萧梁的江山是萧衍自己断送的。断送的原因很多，其中，他纵容包庇子弟为非作歹，是导致国家乱亡的重要原因之一。

萧衍是个讲究仁爱的人，最喜欢标榜自己的感化政策。他对亲属从不使用法律，这些人犯了罪，可以得到宽容，甚至反叛之罪也不追究。在他的纵容包庇下，养出一批贪婪无耻、凶残荒悖的子弟，最后自食其果的，正是这一感化政策的推行人萧衍自己。

让我们来看看萧衍是如何推行他的感化政策，又如何自食其果的吧。

萧衍有一个弟弟叫萧宏，排行第六。萧衍攻魏时，曾派萧宏为都督，督领诸军。萧宏是一个庸才，根本没有指挥才能，但因为是皇帝的爱弟，领取的器械都很精良。萧宏不会指挥，而且畏懦不前，曾被魏军耻笑，送给他妇人的衣服，并称他为"萧娘"。两军交锋时，萧宏一战而溃。当天夜里，袭来了暴风雨，军中混乱，萧宏吓得丢下军队不管，只带数骑逃了回去。对这样一个贻误军机的败军之将，萧衍不但不惩治，反而拜升为司徒；两年后，拜升为司空；三年后，又拜升为太尉，成为萧梁第一号重臣。

就是这样一位庸才，曾两次想谋杀萧衍，自己当皇帝。第一次，在确凿的证据面前，萧衍只把他叫来，哭着对他说："我的才能胜过你百倍，天天还担心不能镇抚天下，你就更不行了。我不是不能杀你，只是可怜你太傻了！"第二次，萧宏和自己的侄女、萧衍的女儿永兴公主勾搭上了。两人约好，杀掉萧衍后，由萧宏做皇帝，永兴公主做皇后。这次谋弑也没有成功，萧衍只处死了两名刺客，用漆车把公主送出宫去，对萧宏却问也未问，希图他自己感悟改过。就这样，萧宏的两次谋弑都没有受到任何惩罚。

萧衍不只宽纵谋弑的亲属，对叛国叛父的亲属也是不过问的。

萧宏的第三个儿子叫萧正德，是个无赖之徒，少年时就打家劫舍，掘坟盗墓，无恶不作。萧衍快近中年时，还没有儿子，曾向萧宏要来萧正德做嗣子。后来，萧衍将近 40 岁时生了儿子萧统，把正德又送还给了萧宏。不久，萧衍当了皇帝，立萧统做太子。对此，萧正德非常不满，他到处宣扬说自己应该当太子，萧衍听到这些话，并不追究。后来，萧正德终于决定叛梁，去投奔了梁的敌国北魏，自称梁废太子。对于萧正德的处置问题，魏主曾召集群臣讨论。当时，萧齐灭亡后逃到北魏的齐宗室萧宝寅正在洛阳任职，虽然都是萧氏，但他与梁宗室有不共戴天之仇。他上表说："哪有伯伯做天子、父亲做扬州刺史，反而抛弃亲人远投敌国的？这种人无国无父，应该杀掉！"魏国为了招降纳叛，没有杀掉萧正德，但对他很不客气。萧正德很失望，又逃回了梁国。

对这样一个连敌国都不理睬的叛国叛父之人，萧衍不但没有惩处，还流着眼泪教诲了半天，又让他官复原职。

由于萧衍的宽纵，萧正德不但不痛改前非，反而变本加厉。他公然带人杀戮无辜，抢劫财物，夺人妻妾，掠人子女，甚至把自己的亲妹妹接到家中，做了夫妻。后来，萧正德因临阵先逃及做官无道被废黜，于是越发滋长了对国家、对萧衍的仇恨。他阴养死士，聚集米粟，只等国家有事，就乘机为帝。

萧衍还有一个儿子，也是萧正德一类的逆子。那就是他第二个儿子萧综。

萧综的母亲吴淑媛原是齐东昏侯萧宝卷的妃嫔。萧衍平建康、废掉东昏侯后，把吴氏归为己有，很宠爱她。这位吴氏归萧衍后七个月，生下萧综。因为早产，宫中的人们都怀疑萧综不是萧衍的儿子。只有萧衍自己深信不疑，非常喜欢萧综。后来，吴氏渐渐失宠，心里充满了怨恨。萧综长到十四五岁时，多次梦见一个肥肥胖胖的人拿着头来找他。萧综很害怕，告诉了母亲。吴氏听他描述后，觉得很像东昏侯，就偷偷对他说："你是七个月生下来的，谁把你当萧家的儿子看待？但你现在位置仅次于太子，千万不可泄露梦中情景。"这些话对萧综震动很大，他自己认定是东昏侯萧宝卷的儿子，从此每夜哭泣，决心重兴齐国。他学越王勾践卧薪尝胆的办法，每天披散了头发在凉地上睡，有了钱财就接纳士人，还在后房地上铺满沙子，终日光着脚蹚沙。最后，萧综练到脚下生成的茧子有牛皮那样厚，每天能走三百里路。这些事，渐渐诸王、公主都知道了，只有萧衍一人毫不生疑。

萧综长大后出镇徐州，后来又要求调到边镇西州，最后终于投奔了魏国。

萧综叛逃的事情传到萧衍耳中，有关方面奏请削去萧综的爵位，除去他的属籍，把他的儿子改姓悖，以惩其大逆不道。萧衍开始时没有反对，但几天后，便下诏恢复了萧综的属籍，并封他儿子萧直为永新侯。后来，萧综在北魏不得志，又要求回国，萧衍答应了他的要求。但未等回国，萧综就死了，梁人把他的棺柩偷偷运回江南。萧衍痛哭了一场，把他按皇子的礼节埋葬在自己的寿陵边。

萧衍就是这样一个是非不明的人。在他的纵容下，叛国弑君就如同儿戏。

在对待立嗣问题上，萧衍也处理得很不妥。有人诬告太子萧统，萧衍不查明真相，也不追究诬告，致使贤明的太子忧惧而死。太子死了，按封建宗法制，应该立太孙，但萧衍却舍太孙而立了第三子萧纲。虽然萧纲是个很仁厚贤明的人，但这样的立嗣法违反了惯例，引起了太子长子萧詧和萧纲其他弟弟的不满。大家都认为自己与萧纲一样有资格继承大统，所以对萧纲充满了仇恨，这些人之间也充满了仇恨。在这种矛盾交织的情况下，只要有一根导火索，就足以爆发各派力量间的争斗。

终于，侯景之乱成了引起这场争斗的导火索。

侯景是一个奸诈狡猾、凶狠残暴的人，是东魏的一名将领。他先降西魏，不久又叛西魏降梁。对这样一个反复小人，梁朝诸臣都认为不能收纳，但萧衍贪图得到河南土地，梦想不动干戈就混一宇内，竟排除众议，收纳了侯景。

侯景入梁后不久，就企图灭梁。他与萧正德暗中联系，请他做内应，许愿事成后尊萧正德为帝。侯景起事后，昏庸的萧衍认为萧正德可靠，命他防守长江，结果萧正德反让侯景渡江，直逼都城建康。太子萧纲不明真相，又命萧正德守宣阳门，萧正德干脆开城门迎侯景入城。就这样，萧衍自己养子为贼、开门揖盗，酿成大祸，断送了自己的江山。

侯景攻入建康后，包围了台城。当时四方并非无兵来救，萧衍的儿子萧纶、萧绎，孙子萧誉，都握有重兵，位居上游，但他们彼此观望，谁也不肯向前。他们都盼望侯景杀掉萧衍、萧纲，最好把其他竞争者也统统杀掉，自己好乘势夺取天下做皇帝。萧正德更丧尽天良，他和侯景约定的条件是：攻破台城，必须杀掉萧衍和萧纲，立自己为帝。萧绎、萧纶、萧誉，包括萧正德，都是萧衍极为宠爱、一再纵容的人。对萧衍的宠爱，他们并不领情，他们的心里都在盼望萧衍早日归天。萧衍的宽容、仁爱，只不过培养了这批不义之徒的贪婪。

萧衍被困在台城净居殿时，还痴心地盼望这些爱子爱孙们前来救驾。直到最后他明白不会有人来救他时，已经为时过晚了。

后来，这一伙贪婪之徒都没有得到好下场，不久，萧梁也灭亡了。

附：魏晋南北朝帝系表

（一）三国帝系表

魏

庙号	谥号	年号	姓名	在位年数	和前一皇帝关系
高祖	文皇帝	黄初	曹丕	7（220—226）	
烈祖	明皇帝	太和、青龙、景初	曹叡	13（227—239）	子
	（齐王）①	正始、嘉平	曹芳	15（240—254）	养子
	（高贵乡公）	正元、甘露	曹髦	7（254—260）	（曹丕孙）
	（元皇帝）	景元、咸熙	曹奂	6（260—265）	族叔②

① 括号内的不是谥号，而是因废黜或乱亡等原因未得到谥号的皇帝的称号。

② 族叔：族即同姓而有血统关系的亲属，族叔即同族叔父。

蜀　汉

庙号	谥号	年号	姓名	在位年数	和前一皇帝关系
	昭烈皇帝	章武	刘备	3（221—223）	
	（后主）	建兴、延熙、景耀、炎兴	刘禅	41（223—263）	子

吴

庙号	谥号	年号	姓名	在位年数	和前一皇帝关系
	大皇帝	黄武、黄龙、嘉禾、赤乌、太元、神凤	孙权	31（222—252）	
	（会稽王）	建兴、五凤、太平	孙亮	7（252—258）	子
	景皇帝	永安	孙休	6（258—263）	兄

续表

庙号	谥号	年号	姓名	在位年数	和前一皇帝关系
	（乌程侯）	元兴、甘露、宝鼎、建衡、凤凰、天册、天玺、天纪	孙皓	17（264—280）	侄

（二）晋及十六国帝系表

西　晋

庙号	谥号	年号	姓名	在位年数	和前一皇帝关系
世祖	武皇帝	泰始、咸宁、太康、太熙	司马炎	26（265—290）	

续表

庙号	谥号	年号	姓名	在位年数	和前一皇帝关系
	孝惠皇帝	永熙、永平、元康、永康、永宁、太安、永安、建武、永安、永兴、光熙	司马衷	17（290—306）	子
	孝怀皇帝	永嘉	司马炽	7（307—313）	弟
	孝愍皇帝	建兴	司马邺	5（313—317）	侄

东　晋

庙号	谥号	年号	姓名	在位年数	和前一皇帝关系
中宗	元皇帝	建武、大兴、永昌	司马睿	7（317—323）	

续表

庙号	谥号	年号	姓名	在位年数	和前一皇帝关系
肃宗	明皇帝	永昌、太宁	司马绍	4（323—326）	子
显宗	成皇帝	太宁、咸和、咸康	司马衍	17（326—342）	子
	康皇帝	建元	司马岳	2（343—344）	弟
孝宗	穆皇帝	永和、升平	司马聃	17（345—361）	子
	哀皇帝	隆和、兴宁	司马丕	4（362—365）	堂兄
	（海西公）	太和	司马奕	6（366—371）	弟
太宗	简文皇帝	咸安	司马昱	2（371—372）	叔祖父
	孝武皇帝	宁康、太元	司马曜	24（373—396）	子
	安皇帝	隆安、元兴、义熙	司马德宗	22（397—418）	子
	恭皇帝	元熙	司马德文	2（419—420）	弟

十六国　成汉（巴氏）

庙号	谥号	年号	姓名	在位年数	和前一皇帝关系
始祖	景皇帝	建初	李特	1（303）	
太宗	武皇帝	建兴、晏平、玉衡	李雄	30（304—333）	子
		玉衡	李班	1（334）	义子
		玉恒	李期	4（335—338）	（李雄子）
中宗	昭文皇帝	汉兴	李寿	5（338—343）	堂兄弟
		太和、嘉宁	李势	5（343—347）	子

汉（匈奴）

庙号	谥号	年号	姓名	在位年数	和前一皇帝关系
高祖	光文皇帝	元熙、永凤、河瑞	刘渊	7（304—310）	
			刘和	1（310）	子
烈宗	昭武皇帝	光兴、嘉平、建元、麟嘉	刘聪	9（310—318）	弟
		汉昌	刘粲	1（318）	子

前　赵（匈奴）

庙号	谥号	年号	姓名	在位年数	和前一君主关系
		光初	刘曜	10（318—328）	

后　赵（羯）

庙号	谥号	年号	姓名	在位年数	和前一皇帝关系
高祖	明皇帝	—太和、建平	石勒	15（319—333）	
		延熙	石弘	2（333—335）	子
		建武、太宁	石虎	15（335—349）	堂兄
			石世	1（349）	子
		—	石遵	1（349）	兄
		青龙	石鉴	1（349）	弟
		永宁	石祗	2（350—351）	兄弟

前　燕（鲜卑）

庙号	谥号	年号	姓名	在位年数	和前一皇帝关系
太祖	文明皇帝	—	慕容皝	15（333—348）	
烈祖	景昭皇帝	— 元玺、光寿	慕容儁	12（348—360）	子
	幽皇帝	建熙	慕容暐	11（360—370）	子

前　秦（氏）

庙号	谥号	年号	姓名	在位年数	和前一皇帝关系
高祖	明皇帝	皇始	苻健	5（351—355）	
	厉王	寿光	苻生	2（355—357）	子
世祖	宣昭皇帝	永兴、甘露、建元	苻坚	29（357—385）	堂弟
	哀平皇帝	太安	苻丕	2（385—386）	子
太宗	高皇帝	太初	苻登	9（386—394）	族子
		延初	苻崇	1（394）	子

前凉

庙号	谥号	年号	姓名	在位年数	和前一君主关系
	武公		张轨	14（301—314）	
	昭公		张寔	7（314—320）	子
	成公		张茂	5（320—324）	弟
	忠成公		张骏	23（324—346）	侄
	敬烈公		张重华	8（346—353）	子
	哀公		张曜灵	1（353）	子
		和平	张祚	2（354—355）	伯
	敬悼公		张玄靓	8（355—362）	侄
			张天锡	14（363—376）	叔

后燕（鲜卑）

庙号	谥号	年号	姓名	在位年数	和前一皇帝关系
世祖	成武皇帝	燕元、建兴	慕容垂	13（384—396）	
烈宗	惠愍皇帝	永康	慕容宝	3（396—398）	子
中宗	昭武皇帝	建平、长乐	慕容盛	4（398—401）	子

续表

庙号	谥号	年号	姓名	在位年数	和前一皇帝关系
	昭文皇帝	光始、建始	慕容熙	7（401—407）	叔

西　燕（鲜卑）

庙号	谥号	年号	姓名	在位年数	和前一皇帝关系
	（济北王）	燕兴	慕容弘	1（384）	
	威皇帝	更始	慕容冲	3（384—386）	弟
		建明	慕容觊	1（386）	（慕容恒子）
		建平	慕容瑶	1（386）	（慕容冲子）
		建武	慕容忠	1（386）	（慕容泓子）
	（河东王）	中兴	慕容永	9（386—394）	叔祖父

北 燕

庙号	谥号	年号	姓名	在位年数	和前一君主关系
	惠懿皇帝	正始	慕容云	3（407—409）	
		太平	冯跋	22（409—430）	
		太兴	冯弘	6（431—436）	弟

南 燕（鲜卑）

庙号	谥号	年号	姓名	在位年数	和前一皇帝关系
	献武皇帝	— 建平	慕容德	8（398—405）	
		太上	慕容超	6（405—410）	侄

后 秦（羌）

庙号	谥号	年号	姓名	在位年数	和前一皇帝关系
太祖	武昭皇帝	白雀、建初	姚苌	10（384—394）	
高祖	文桓皇帝	皇初、弘始	姚兴	23（394—416）	子
		永和	姚泓	2（416—417）	子

夏（匈奴）

庙号	谥号	年号	姓名	在位年数	和前一君主关系
		龙升、凤翔、昌武、真兴	赫连勃勃	19（407—425）	
		承光	赫连昌	4（425—428）	子
		胜光	赫连定	4（428—431）	弟

西　秦（鲜卑）

庙号	谥号	年号	姓名	在位年数	和前一君主关系
烈祖	宣烈王	建义	乞伏国仁	4（385—388）	
	武元王	太初、更始	乞伏乾归	25（388—412）	弟
		永康、建弘	乞伏炽磐	17（412—428）	子
		永弘	乞伏暮末	4（428—431）	子

后　凉（氐）

庙号	谥号	年号	姓名	在位年数	和前一皇帝关系
太祖	懿武皇帝	太安、麟嘉、龙飞、承康	吕光	14（386—399）	
			吕绍	1（399）	子
	纂灵皇帝	咸宁	吕纂	3（399—401）	兄
		神鼎	吕隆	3（401—403）	堂兄弟

南　凉（鲜卑）

庙号	谥号	年号	姓名	在位年数	和前一君主关系
烈祖	武王	太初	秃发乌孤	3（397—399）	
	康王	建和	秃发利鹿孤	3（400—402）	弟
	景王	弘昌、嘉平	秃发傉檀	13（402—414）	弟

西　凉

庙号	谥号	年号	姓名	在位年数	和前一君主关系
太祖	武昭王	庚子、建初	李暠	18（400—417）	
	(后主)	嘉兴	李歆	4（417—420）	子
		永建	李恂	2（420—421）	弟

北　凉（卢水胡）

庙号	谥号	年号	姓名	在位年数	和前一君主关系
		神玺、天玺	段业	5（397—401）	
		永安、玄始、承玄、义和	沮渠蒙逊	33（401—433）	臣
		永和	沮渠牧犍	7（433—439）	子
		承平	沮渠无讳	2（443—444）	弟
		承平	沮渠安周	（445—）	弟

（三）南北朝帝系表

南朝　宋

庙号	谥号	年号	姓名	在位年数	和前一皇帝关系
高祖	武皇帝	永初	刘裕	3（420—422）	
	（少帝）	景平	刘义符	2（423—424）	子
太祖	文皇帝	元嘉	刘义隆	30（424—453）	弟
		太初	刘劭	1（453）	子
世祖	孝武皇帝	孝建、大明	刘骏	11（454—464）	弟
	（前废帝）	永光、景和	刘子业	1（465）	子
太宗	明皇帝	泰始、泰豫	刘彧	8（465—472）	叔
	（后废帝）	元徽	刘昱	5（473—477）	子
	顺皇帝	昇明	刘準	3（477—479）	弟

齐

庙号	谥号	年号	姓名	在位年数	和前一皇帝关系
太祖	高皇帝	建元	萧道成	4（479—482）	
世祖	武皇帝	永明	萧赜	11（483—493）	子

续表

庙号	谥号	年号	姓名	在位年数	和前一皇帝关系
	(郁林王)	隆昌	萧昭业	1（494）	孙
	(海陵王)	延兴	萧昭文	1（494）	弟
高宗	明皇帝	建武、永泰	萧鸾	5（494—498）	叔祖父
	(东昏侯)	永元	萧宝卷	3（499—501）	子
	和皇帝	中兴	萧宝融	2（501—502）	弟

梁

庙号	谥号	年号	姓名	在位年数	和前一皇帝关系
高祖	武皇帝	天监、普通、大通、中大通、大同、中大同、太清	萧衍	48（502—549）	
太宗	简文皇帝	大宝	萧纲	3（550—552）	子
世祖	孝元皇帝	承圣	萧绎	4（552—555）	弟
	敬皇帝	绍泰、太平	萧方智	3（555—557）	子

陈

庙号	谥号	年号	姓名	在位年数	和前一皇帝关系
高祖	武皇帝	永定	陈霸先	3（557—559）	
世祖	文皇帝	天嘉、天康	陈蒨	7（560—566）	侄
	（废帝）	光大	陈伯宗	2（567—568）	子
高宗	孝宣皇帝	太建	陈顼	14（569—582）	叔
	炀皇帝	至德、祯明	陈叔宝	7（583—589）	子

北朝　北魏

庙号	谥号	年号	姓名	在位年数	和前一皇帝关系
太祖	道武皇帝	登国、皇始、天兴、天赐	拓跋珪	23（386—408）	
太宗	明元皇帝	永兴、神瑞、泰常	拓跋嗣	15（409—423）	子

续表

庙号	谥号	年号	姓名	在位年数	和前一皇帝关系
世祖	太武皇帝	始光、神䴥、延和、太延、太平真君、正平	拓跋焘	29（424—452）	子
	（南安王）	承平	拓跋余	1（452）	子
高宗	文成皇帝	兴安、兴光、太安、和平	拓跋濬	14（452—465）	侄
显祖	献文皇帝	天安、皇兴	拓跋弘	6（466—471）	子
高祖	孝文皇帝	延兴、承明、太和	元宏	29（471—499）	子
世宗	宣武皇帝	景明、正始、永平、延昌	元恪	16（500—515）	子

续表

庙号	谥号	年号	姓名	在位年数	和前一皇帝关系
肃宗	孝明皇帝	熙平、神龟、正光、孝昌、武泰	元诩	13（516—528）	子
敬宗	孝庄皇帝	建义、永安	元子攸	3（528—530）	叔
	（东海王）	建明	元晔	2（530—531）	叔祖父
	节闵皇帝	普泰	元恭	2（531—532）	族孙
	（安定王）	中兴	元朗	2（531—532）	族兄弟
	孝武皇帝	太昌、永兴、永熙	元脩	3（532—534）	族子

东　魏

庙号	谥号	年号	姓名	在位年数	和前一皇帝关系
	孝静皇帝	天平、元象、兴和、武定	元善见	17（534—550）	

北　齐

庙号	谥号	年号	姓名	在位年数	和前一皇帝关系
显祖	文宣武帝	天保	高洋	10（550—559）	
	（废帝）	乾明	高殷	1（560）	子
	孝昭皇帝	皇建	高演	2（560—561）	叔
世祖	武成皇帝	太宁、河清	高湛	4（561—564）	弟
	（后主）	天统、武平、隆化	高纬	12（565—576）	子
	（幼主）	承光	高恒	1（577）	子

西　魏

庙号	谥号	年号	姓名	在位年数	和前一皇帝关系
	文皇帝	大统	元宝炬	17（535—551）	
	（废帝）	—	元钦	2（552—553）	子
	恭皇帝	—	元廓	3（554—556）	弟

北 周

庙号	谥号	年号	姓名	在位年数	和前一皇帝关系
	孝闵皇帝	—	宇文觉	1（557）	
世宗	明皇帝	— 武成	宇文毓	4（557—560）	兄
高祖	武皇帝	保定、天和、建德、宣政	宇文邕	18（561—578）	弟
	宣皇帝	大成	宇文赟	1（579）	子
	静皇帝	大象、大定	宇文阐	3（579—581）	子